글은 아무나 쓰는 게 아니더라

꿈꾸는베프 엮음

[여는 글] 기획자의 말

아무나 아닌 우리의 이야기를 들려 드려요.

엄다인(꿈꾸는베프 디렉터)

우리는 2024년 '장벽 없는 동화 제작소'라는 프로그램을 통해 무장애 배리어프리 그림 동화책을 발간했다. 7명의 시각장애인이 동화를 배우고 썼다. 그 중 한 편을 골라 함께 합평하고 수정하여 도서 『바람이 들려주는 이야기』를 출간했다.

『바람이 들려주는 이야기』는 지역 언론을 비롯해 여러 관심을 받으며 많은 사람에게 공유되었다. 의도하지 않았지만 우리의 결과물이 늘 소수에게 공유되었던 것과 정반대였다. 예상치 못한 관심에 얼떨떨하기도 했고, 설레기도 했다.

새로운 경험의 힘으로 2025년에 또 다른 도전을 할 수 있었다. 시각장애인 참여자들과 좀 더 활발하게 의견을 주고받으며 올해 또 다른

'장벽 없는 제작소'를 만들었다.

'참여자들이 다양한 글을 쓰게 하자.'

'이왕이면 모두의 이야기를 책에 담아보자.'

두 가지의 목소리를 도서『글은 아무나 쓰는 게 아니더라』에 담았다.

한국장애인문화예술원의 지원이 있어 올해도 우리가 하고자 했던 문화예술 활동을 마음껏 할 수 있었다. 결과물을 만들어가며 함께 이름을 올릴 수 있어 영광스러운 한해였다. 지난해에는 하나의 글을 소중히 갈고 닦았다면, 올해는 참여자 10명이 고심해서 작성한 글 26편을 1권의 책에 차곡차곡 담았다.

이 프로그램은 2년차 사업이다. 2026년에는 글을 토대로 노래를 만들 계획이다. 그런 의미에서 이 책은 참여자들의 작가 데뷔이면서, 가수 데뷔 에필로그다. 제46회 흰지팡이의 날 기념 시각장애인 가요제에서 1등을 거머쥔 윤석영 선생님이 있기에 내년에도 끄덕없기를 바란다.

올해 15차시 교육 과정을 통해 소중히 읽고, 꼼꼼히 수정하고, 함께 고민하며 글을 완성했다. 프로그램 시작 전에는 우리가 글을 어떻게 쓰냐며 툴툴 댔던 참여자들이 정성스레 글을 써서 목표량을 훌쩍 넘는 분량의 글을 써주셨다. 지역 작가들과의 수업을 통해 문학과 조금 더 가까워졌기에 깊은 글이 만들어졌다.

높은 참여자들은 '장벽 없는 제작소' 교육을 통해 문학을 배웠고, 나는 글을 통해 또 다른 세상을 배웠다. 오래 함께 활동하면서도 몰랐던 속내를 알 수 있는 글들이 마음에 많이 와닿았다. 소중한 시간을 품고 귀한 책이 탄생했다.

책을 읽는 독자에게도 책의 한 구절이 배움의 순간이 되기를 바란다.

차례

[여는 글] 기획자의 말
002   아무나 아닌 우리의 이야기를 들려 드려요. / 엄다인

김영수
011   이사를 해야만 하는 단 하나의 이유
016   새의 자유
019   해림의 청구서

김진아
029   벚꽃 엔딩
032   마감 임박

마성환
037   어느 시각장애인의 평범한 일과
040   늘 그렇듯, 함께

박기진
043   세 봉지의 무게
048   한 잔 생각

박안나

053 차가운 눈물

054 외로운 기다림

055 어머니, 제발 쉿!

박춘봉

061 다대포 풍경

062 당신에게 건넨 편지

063 바람이 들려주는 이야기: 부산

설지원

069 '세계 방방곡곡 투어'를 위한 실전모의고사 같은 실전기!

079 식탁의 합주

081 손끝으로 빚어낸 제주의 미소

성주연

087 소소하지만 소중한

093 늙은 개

윤석영

097   밤하늘에 걸린 얼굴

099   제자리걸음

101   글은 아무나 쓰는 게 아니더라

104   별 볼 일 없는 휴일

이경미

111   두 번 태어나다

123   두 개의 눈

[닫는 글] 강사의 말

125   충분한 글을 향해 / 우동준

128   우리는 어디가 같고 어디쯤에서 다를까 / 정안나

130   돌아 맺은 인연 / 안덕자

김영수

작가의 말

평범한 일상에서 소소한 행복을 찾아 가고자 노력하는 아마추어 작가입니다. 글을 쓰며 별것 아닌 내용도 이야기가 되면 큰 의미가 생긴다는 것을 새삼스레 확인했습니다. 부족하지만 긍정, 유쾌, 행복이 보이는 글이 되었기를 기대해봅니다.

이사를 해야만 하는 단 하나의 이유

이른 아침, 창으로 햇살이 비추고 베란다 너머로 들려오는 새의 지저귐은 알람 소리처럼 귓가를 간질인다. 나는 침대에서 몸을 일으킨다. 거실에는 따뜻한 햇살이 구석구석 스며든다. 나는 매일 아침을 기분 좋게 맞이한다. 출근 준비를 끝내고 남은 20~30분 동안의 사색은 소소한 행복을 안겨다 주었다. 이런 여유로운 생활은 집에 대한 만족감을 느끼게 했다.

2017년 8월, 나는 지금 살고 있는 한 동짜리 아파트로 이사했다. 원룸 전세 계약이 매년 자동 갱신되던 터라 걱정 없이 지내고 있다가 갑자기 집을 비우라는 통보를 받게 되었다. 집 없는 설움을 절절히 느끼며 나도 집을 가져야겠다는 반발심에 충동적으로 집을 사버렸다. 도심에서 벗어난 아파트였지만, 첫 1년은 만족스러웠다. 이름 모를 새들의 지저귐은 자연 속에서 살아 있음을 느끼게 했고, 5분 거리의 출퇴근길은 여유로움을 선사했다. 힘들지만 가끔 오르던 운수사길 등반은 건강에 대한 근거 없는 자신감을 심어주기도 했다.

그러던 중 언제부터였는지 정확히 모르겠지만, 집에 대한 불만이 하나씩 쌓였다. 이 집이 낡아 재개발 되는 먼 미래의 그날까지 살겠다는 나의 단단한 의지는 조금씩 무너져 갔다. 귀를 간질이듯 나를 깨우던 새의 지저귐은 귀를 때리는 소음이 돼버렸다.

"감히 소중한 나의 잠을 깨우다니! 약육강식의 냉엄한 자연 속에서 나를 괴롭히는 저 새들은 포식자에 의해 곧 잡아먹히리라!"

증오심에 가까운 저주를 아침마다 퍼붓기 시작했다. 5분 거리의 출퇴근길은 약속도 하나 없이 일찍 집에 가기에만 급급한 외로운 존재가 된 듯 우울감을 안겨다 주었다.

이사할 당시만 하더라도 이전에 살던 원룸보다 큰 집이어서 새집이 대궐처럼 커 보였다. 하지만 역시 사람이라는 동물은 욕심이 끝이 없나 보다. 집이 작아 보이기 시작했다. 거실은 혼자 지내기에 충분히 넓었지만 2인용 이상의 소파를 들여놓기에는 작았다. 물론 억지로 소파를 들일 수는 있다. 하지만 그렇게 되면 아마 나는 소파가 점령한 거실에서 또 다른 불만을 쌓았을 것이다.

현관 옆에 놓여 있는 2인용 원목 식탁은 전자레인지를 올려놓으니 반찬 몇 개만 내려놔도 더 놓을 곳이 없다. 진수성찬을 차린 것도 아닌데 몇 개 되지 않는 반찬으로 가득 차버린 비좁은 식탁이 돼 버린 것 같다.

그러던 중 이사를 결심한 결정적인 계기가 생겼다. 2019년 가을,

태풍이 찾아왔다. 궂은 날씨에도 모임을 다녀와 샤워하고 있는데, 베란다에서 '쾅쾅' 하는 굉음이 터져 나왔다. 급히 나가보니 통창이 울부짖듯 흔들리고 있었다. 사나운 바람은 집 전체를 들어 올리는 듯했고, 유리는 북소리처럼 진동하며 금방이라도 산산조각 날 것만 같았다. 걸쇠를 잠그고 창문 틈에 종이를 끼워 넣어도 소용없었다. 창을 때리는 바람은 항거할 수 없는 힘으로 내 몸을 흔들어댔다. 순간, 심장은 미친 듯이 뛰고 손이 떨려 걸쇠조차 제대로 잡을 수 없었다. 창문이 깨져, 이 작은 아파트 전체가 바람에 휩쓸려 통째로 잠겨 버릴 것만 같은 공포가 몰려왔다. 태풍에 무방비로 노출된 집은 당장이라도 무너질 것 같았고, 거대한 자연의 힘 앞에 나약한 나는 흔적도 없이 사라질 것만 같았다.

'이제 정말 창문이 깨지면 끝이다. 유리 파편이 사방에 흩날리고, 이 집은 태풍의 먹잇감이 되어버릴 것이다.'

상상만으로도 숨이 막혔다. 다리는 떨려 제자리에 버티지 못했고, 결국 이불을 들고 작은 방으로 달려가 귀를 틀어막고 모든 소리를 차단한 채 잠 속으로 도망칠 수밖에 없었다.

다음 날 아침, 창문은 무사했다.

'내가 너무 오버했나?'

부끄럽기도 했지만, 그 공포는 쉽게 사라지지 않았다. 태풍이 올 때마다 불안이 앞섰고, 나는 매번 작은 방으로 피신해 귀를 막았다. 그때 결심했다.

'이럴 바에는 다른 집으로 이사하자.'

그로부터 6년이 흘렀다. 이사 욕망은 계속 커지고 있지만 미쳐버린 집값으로 매번 좌절한다. 젊은이는 떠나고 노인과 바다만 있다는 부산에서 집값이 더 오르진 않겠지만, 내가 목표하는 도심지 아파트의 집값이 떨어질 것 같지도 않다. 그래서 이제는 진짜 실행에 옮겨야 할 때가 온 것 같다.

'돈이 좀 부족하면 어떠한가! 잠시 은행에 집을 맡겨 놓고 나중에 찾으면 되지 뭐. 이왕 이사하기로 한 거 근사한 집으로 가자.'

이제 내 꿈의 집을 소개한다. 이사 걱정이 없는 비교적 신축 아파트면 좋겠다. 편의시설이 충분히 갖춰진 도심 대단지 아파트면 금상첨화. 근처에 공원이 조성되어 있으면 더할 나위 없겠지만, 그게 아니더라도 산책할 수 있는 길이 잘 닦여 있으면 좋겠다. 집은 최소 30평 이상이어야겠다. 거대한 소파가 들어와도 넉넉한 거실 공간이 있어야 한다. 언젠가 그녀와 마주하며 맛있는 식사를 하기 위해서 원목으로 만들어진 고급 식탁도 필수. 창문을 아주 좋은 걸로 맞춰서 태풍에도 끄떡없는 집으로 만들어야지. 킹사이즈 이상의 침대와 넓은 책상이 있으면 나의 생활은 더 여유롭고 풍요로움으로 가득 찰 것이다.

이런 나의 욕망이 다 이루어지지 못하더라도 꿈은 꿀 수 있지 않은가. 내려가지 않는 집값과 감당할 수 없는 대출로 욕망의 일부는 사그라지고 일부 조정이야 필요하겠지만, 목표한 꿈의 집을 실현하기 위해서 한 단계씩 차근차근 준비해야지. 이사 시기는 2027년으로 하자. 그때쯤이면 왠지 뭔가 이루어질 것 같다는 예감이 든다.

나는 무소유를 하고 싶지도 않고, 무주택자가 되고 싶지도 않다. 근사한 집을 가진 1주택자면 그걸로 만족이다. 그리고 그런 집에 다른 누군가와 함께라면 금상첨화일 것이다.
조금만 더 힘내자! 6년을 기다렸는데 2년을 더 기다리지 못할까. 근사한 집에서의 충만한 삶을 기대하며 또 하루를 보낸다.

새의 자유

해는 숲 사이로 그림자를 드리운다
나뭇가지 위에 앉아 있는 새 한 마리가 노래한다
처음엔 그저 지나가는 노래였다
산 공기를 가르며 귓가를 스치는 배경음에
걸음을 멈추게 된다

새의 저녁 노래는 사라질 듯 가벼우면서도 오래 남는 메아리

순간 나는 새를 걱정한다
저렇게 울다가는 숲 어딘가 숨어 있는 배고픈 그림자에 들키지는 않을까
날카로운 발톱을 숨긴 채 소리 없이 위협하는 어둠의 존재들
그들은 언제나 기쁨을 삼키고
부드러운 소리를 움켜쥐는데

새는 노래를 멈추지 않는다
마치 내일은 없는 것처럼
걱정도 두려움도 저 멀리 던져두고
지금 이 순간을 환하게 채운다

그 소리는 자유다

나도 모르게 앞날을 계산하며
바쁜 일상에서 크고 작은 그림자들에게
마음 한 조각씩 내어주고 있다

저 새는 아무 것도 모르는 아이처럼
모든 걸 다 아는 현자처럼 노래한다

지금 이 순간을 살아라
세상에는 언제나 포식자가 있다
나의 노래를 멈추게 하는 건
나의 두려움뿐이다

다시 새소리다

새에게 다짐한다
언젠가는 저 새처럼 불안과 걱정의 그림자에 흔들리지 않고
오늘의 노래는 온전히 내 것인 새가 되고 싶다고

멀어져가는 새의 노래는 오래도록 귓가에 남는다
새처럼 날아서 산길을 내려온다

해림의 청구서

캄보디아 시엠립, 3년째 시원은 이곳에서 관광가이드로 일하고 있다. 아침부터 땀이 쏟아지는 이 도시에서는 모든 게 느리게 움직였다. 도로에는 툭툭이 경쾌한 엔진 소리를 내며 지나가고, 관광객들은 모든 게 신기한 듯 휴대전화로 사진 찍기에 여념이 없었다. 오늘도 시원은 앙코르와트로 향하는 미니버스 안에서 한국인 손님들과 이런저런 얘기를 나눈다. 여행이 처음인 연인, 행복해 보이는 가족, 그리고 불륜으로 의심되는 커플까지. 각양각색의 사람들이 모여드는 시엠립에서 시원은 매일 조금씩 다른 표정과 목소리, 그리고 크고 작은 사연들 속에 섞여 살아가고 있었다.

내 곁에는 캄보디아 여자 친구 소카가 있다. 차분한 성격을 가졌으며, 한국인 남자 친구를 생각해서 캄보디아어를 또박또박 천천히 말하는 배려심 많은 착한 친구다. 가끔 시원의 한국식 농담에는 미간을 찌푸리지만, 진심으로 웃을 땐 눈이 얇게 접히며 반달이 되었다.
"시원 오빠, 오늘도 관광객들 힘들었어?"

소카가 달콤한 목소리로 물었다.

"뭐, 그럭저럭. 오늘 온 한국 관광객들이 앙코르와트 보고 '우와, 진짜 크다!'만 백 번도 넘게 외쳤어."

"그래도 좋잖아. 감탄하는 거니까."

"맞긴 한데, 좀 더 다양한 감탄사를 써줬으면 좋겠어. '웅장하다', '장엄하다', '경이롭다' 뭐 이런 거 말이야."

소카가 깔깔 웃었다.

"시원 오빠는 한국어 선생님이야?"

올해 시엠립의 여름은 유난히 더웠다. 언젠가부터 시원은 평소보다 빠르게 기운이 없어지고, 기침도 멈추지 않았다. 밤새 선풍기를 계속 틀어놓고 뒤척이다가 겨우 잠들곤 했다. 소카는 그런 그를 유심히 살폈다.

"오빠, 목소리가 더 잠겼어. 감기 아니야?"

시원은 대수롭지 않게 넘겼다.

"너무 더워서 그래. 며칠 지나면 괜찮아져."

그러나 기침은 점점 심해지고, 현기증에 쓰러질 뻔한 적도 있었다. 시원은 오늘도 손님들을 앙코르와트의 동쪽 탑에 데려가 햇볕을 피하며 설명했다. 햇빛에 눈이 부셔서 앞이 제대로 보이지 않았다.

'이 정도면 그냥 집에 가서 쉬고 싶다.'

마음속으로 쉬는 상상을 했다. 내 마음을 아는지 소카가 걱정스레 말했다.

"시원 오빠, 병원 가자."

"괜찮아. 그냥 감기야."

"아니야. 이상해. 너무 오래 계속돼."

어느 날, 소카가 시원의 손을 잡고 툭툭에 태워 병원으로 데려갔다. 시엠립 병원은 의자, 책상 할 거 없이 먼지가 많았다. 심지어 간호사들이 입은 하얀 가운마저 지저분해 보였다. 시원은 진료실 앞에서 죽어 가는 사람처럼 기력이 빠진 채 차례가 되기만을 하염없이 기다렸다. 창밖의 야자수 사이로 툭툭의 엔진 소리가 그의 귓가를 파고들었다. 의사는 여러 검사를 한 후 캄보디아어로 퉁명스럽게 말했다.

"폐암 4기입니다. 길어야 3개월입니다."

소카는 그 말을 듣자마자 얼굴이 하얗게 질리며 몸을 휘청거렸다. 시원은 이해가 안 되는 척했지만, 사실은 다 알아들었다. 갑자기 숨이 막히고 시엠립의 열기보다 더 뜨겁게 온몸이 달아올랐다.

집에 돌아와서 소카는 한참 동안 아무 말도 하지 않았다. 창문 밖으로 툭툭의 요란한 엔진소리만 들렸다.

'설마.'

그럴 리 없다는 생각만 했다.

'설마 내가 정말 죽을 리가 없지.'

하지만 기침은 더 심해지고, 이제는 밥도 잘 먹지 못했다.

며칠 후, 소카가 시원의 휴대전화를 들고 어디론가 연락했다. 소카는 여동생 해림과 영상통화를 했다. 시원은 말릴 기운도 없어서 결국 해림에게 상황을 들키고 말았다. 해림은 곧장 시엠립행 비행기를 타고 시원이 있는 곳으로 날아왔다. 공항에서 만난 해림은 단단한 얼굴로 시원에게 다가왔다.

"야, 시원아. 네가 진짜 폐암이면 내가 네 이름으로 앙코르와트 입구에 '시한부 기념 탑' 세운다! 관광객들 입장할 때마다 너한테 소원 빌게 할 거야. 근데 진짜 폐암 맞으면, 탑 세우기 전에 내가 먼저 널 때려서 골로 보낼 거다. 폐암으로 죽기 전에 나한테 맞아서 먼저 죽어 볼래? 어?"

해림의 목소리는 거침없었지만, 짐을 내릴 땐 살짝 떨리는 숨소리가 섞여 있었다. 그러고는 시원의 팔을 거세게 잡아끌며 말했다.

"한국 가자. 여기선 뭐가 뭔지 하나도 모르겠으니까. 내가 네 인생 강제로 리셋 시켜준다."

소카는 공항에서 시원의 손을 꼭 잡았다.

"오빠, 잘 다녀와. 꼭 다시 와야 해."

시원은 그 말에 이상하게도 눈물이 맺혔다. 비행기 안에서 한 마디도 하지 않던 해림이 입을 열었다.

"오빠, 정말 죽겠어?"

"의사가 3개월이래."

"흥. 그럼 유언장 써 놔. 아, 아니면 동영상 하나 찍어 둬. 친구들이랑 공유하게."

"해림아, 좀 더 슬퍼해 줄 수는 없어?"

"슬퍼한다고 폐암이 낫냐?"

부산에 도착하자마자 곧장 병원으로 갔다. 병원 진료실, 흰 가운을 입은 의사가 시원의 기침 소리를 듣고 머리를 갸웃거렸다. 한참을 검사 결과지만 뚫어져라 보던 의사가 나른한 목소리로 말했다.

"감기입니다. 독한 놈으로 걸렸네요."

"네?"

시원과 해림이 동시에 외쳤다.

"감기요? 폐암 아니고?"

"폐암이요? 이게 왜 폐암이에요? 전형적인 감기 증상인데요."

해림은 그 말을 듣더니 한참을 박장대소했다. 진료실에서 나오자마자 시원에게 분노의 속사포를 쏟아내기 시작했다.

"야, 너 진짜! 덕분에 내 인생에 평생 써먹을 레전드 생겼다. 너 때문에 회사에 '가족 비상상황'이라고 뻥치고 휴가 내고 왔거든. 사장님 앞에서 눈물 연기까지 했잖아. 내가! 근데 네 병명이 감기라고?"

해림은 쉬지 않고 준비된 대사를 치듯 말했다.

"와, 나중에 내 결혼식에서 너 소개 멘트로 '폐암 4기에서 감기로 완치한 남자'라고 말할 거야. 앞으로 진짜 죽을 일 아니면 전화하지 마라. 그리고 너 때문에 쓴 내 돈, 시간, 정신적 피해 보상금까지 싹 다 청구할 거다! 이건 네가 내 인생에 끼얹은 대환장 소동이야!"

시원은 잠시 멍하게 앉아 있다가 갑자기 허무함이 밀려왔다. 시엠립 병원에서 들었던 폐암 4기, 3개월 시한부라는 말이 허탈하기만 했다. 주사 맞고, 링거 꽂고, 의사가 준 약을 챙겨 먹으니 5일 만에 몸은 거짓말처럼 나아졌다.

시엠립으로 돌아가기 전날, 해림은 시원의 방에 들어와 계산기를 꺼냈다.

"비행기표 왕복 200만 원, 병원비 50만 원, 정신적 피해 보상금 250만 원. 총 500만 원."

"뭐?"

"경비 청구서야. 6개월 안에 갚아. 나중에 또 감기로 부르면 금액 두 배다. 참고해."

시원은 다시 시엠립으로 돌아갔다. 비행기 창밖으로 익숙한 풍경을 보며 생각했다.

'여기서 죽을 뻔했지만 결국 돌아가는구나.'

공항 게이트가 열리자마자 소카가 시원을 향해 달려왔다.

"시원 오빠!"

둘은 서로를 꼭 안았다. 소카는 울 것처럼 웃으며 말했다.
"정말 돌아왔구나! 병원은 이제 그만! 알겠지?"
시원은 활짝 웃었다.
"앞으로 내 인생에 '폐암'이란 단어 금지야."
둘은 한참을 깔깔 웃으며 시엠립의 햇볕 속으로 걸어 나갔다.

다음 날, 시원은 다시 익숙한 모자를 눌러쓰고 앙코르와트 입구에 섰다.
"여러분, 여기서 '우와' 금지! 대신 오늘은 웅장하다, 장엄하다, 경이롭다 이 세 단어만 반복하겠습니다!"
관광객들이 박장대소했고, 소카는 옆에서 장난스럽게 감탄사를 따라 했다. 관광 팀 전체가 한바탕 웃음바다가 됐다.

점심시간, 소카와 시장 골목을 걸었다.
"오빠, 오늘 해림한테 돈 보내는 날이지?"
시원은 얼굴을 찡그렸다.
"그래, 청구서 때문에 거의 파산 직전이야. 폐암은 안 걸렸는데, 통장은 빈사 상태."
휴대전화 송금 버튼을 누르자 해림에게서 메시지가 날아왔다.
"입금 확인. 다음에 또 감기 걸리면 2배로 추가. 앙코르와트에 네 동상 세워서 관광객 던지는 동전으로 나중에 회수할 거다! 알았지?"

시원은 배꼽을 잡고 웃었다.

"아, 진짜 우리 집안은 평범하게는 안 산다니까."

해질 무렵, 시엠립의 뜨거운 바람이 불어왔다. 툭툭 소리, 관광객들의 감탄사, 그리고 소카의 미소와 함께 시원은 다시 하루를 시작했다.

오늘도 인생은 유쾌하고, 시엠립의 해는 여전히 찬란하게 빛난다.

김진아

작가의 말

평범한 일상을 보내는 한 사람입니다. 항상 글은 읽기만 하다가 짧게나마 적어보려니 쉽지가 않네요. 부족하지만 재밌게 읽어주세요.

벚꽃 엔딩

아파트 도로가에 심긴 벚나무 몇 그루
누구 손에 이끌려 이곳에 자리 잡았을까
한번 정해진 보금자리 쉽사리 바뀌지 못할 걸 아는지
운명을 받아들인 듯 그저 묵묵히 서 있네

깊숙이 뿌리내린 여러 그루의 나무는
같은 계절의 변화를 고스란히 맞아내며
서로를 힐끗힐끗 곁눈질 한다

땡볕 내리쬐는 날엔 건물 그림자 아래 자리 잡은 벗을
칼바람 부는 날엔 따스한 햇살 아래 자리 잡은 벗을
인적 없는 고요한 시간 나비가 살포시 머물러 가는 벗을
서로 부러운 마음 담은 눈길 건네다 보면

가지마다 눈송이가 팡팡 터져가고

사람들의 발걸음이 통통 튀어온다
사방에서 터지는 웃음과 플래시

가장 고통스러운 순간이
가장 아름다운 모습으로
소중한 추억 한 컷에 자리하고
기억 속 좋은 추억으로 간직된다

떠나보내야 할 것을 알면서도
변함없이 꽃을 피워내는 벚나무
너는 참으로 대견하다

비움과 채움의 공백에
각자의 속도는 다르지만
포기하지 않고 예쁘게 꽃을 피워내는 너라서
우리는 너를 찾는가보다

꽃송이 떨어질 때마다
사람들의 마음속 감정의 물결이 인다
얼굴마다 피어나는 웃음꽃
입가에서 피어나는 아쉬움의 탄성

마음에 생기를 주는
벚꽃만의 웃음의 매력
딱 1년에 한 번 채울 수 있는
마음의 수혈

꽃이 지니 사람들의 발길도 뜸해진다
다시 서로를 힐끗대는 나무
눈길이 맞닿자 살며시 미소 짓는다

마감 임박

학생의 신분을 벗어난 이후 수업을 들을 일은 흔치 않았다. 2024년부터 1년여간 함께 한 배리어프리 〈꿈꾸는베프〉 활동은 반복되는 일상에서 벗어나 새로운 것을 경험할 수 있어 신선했다.

'이 좋은 걸 왜 이제야 시작했을까?'

올해는 여러 작가님과의 만남과 교육이 진행되었다. 처음 수필을 거쳐 시와 소설까지. 7월 13일은 소설 작가님의 교육이 열렸다. 오전과 오후로 나누어진 수업 시간은 지루할 틈 없이 순식간에 흘러갔다. 예상 시간보다 빨리 수업을 마쳐 주시는 선생님의 센스는 덤. 그런데 이게 웬걸! 방심했다. 수업의 끝에는 과제라는 새로운 시작의 문이 열린다는 사실을 망각하고 있었다. 우리의 과제는 다음 시간 전까지 각자 1편씩 산문을 쓰는 것이었다.

'도대체 선생님들은 왜 숙제를 내지 않는 자비를 베풀지 않으실까?'

사실 숙제를 제출하지 않을 생각은 없었다. 어떤 내용으로 글을 적을까 고민하고 여러 번 끼적끼적 적어 보았으나 진척이 없었다.

그렇게 숙제의 마감일 25일이 되었다. 아침 8시, 단톡방이 조용하다. 시간이 흘러 9시, 아직도 단톡방이 조용하다.
'혹시 오늘이 아닌가?'
내가 과제 제출 날짜를 잘못 알았기를 바란다. 하지만 어김없이 톡이 울린다. 과제 제출일임을 알리는 다인 선생님의 톡이 도착한다. 이미 제출한 사람이 있다는 소리에 갑자기 마음이 쓰인다.
'어떡하지?'
사실 나에게는 사정이 있다. 요즘 나는 이사 준비에 한창이다. 아이의 전학 문제로 남편을 홀로 남겨두고 타지로 이동을 준비하고 있다. 상자를 구하고 상자에 물건을 담는 그야말로 매일이 상자와의 전쟁이다. 모든 짐을 옮기기 위해 이삿짐센터를 부르면 그만인데, 옮겨야 할 짐이 적어 상자에 짐을 담아 택배를 보내는 방법을 선택했다.
짐을 꾸리며 다시 단톡방을 열어본다. 과제를 진행 중에 있다는 사람, 과제를 제출했다는 사람들의 이야기가 오고간다. 뭔가 다들 열정이 넘친다. 이러다 나만 제출하지 못하는 건 아닐지 걱정이 된다. 한두 사람이라도 과제를 제출하지 않는다면 이사를 핑계로 살짝 묻어가볼까 했는데 아마 어려울 듯싶다.

단톡방이 또 요란하게 울린다. 사람들의 성화에 마감 시간이 조금 연장되었다. 친절한 다인 선생님의 숙제 마감 시간 연장이 '과제 꼭 제출하세요.'라는 말로 들린다. 수업 중 소설가 선생님이 하셨던 말도 떠오른다.

"숙제를 제출하는 것과 제출하지 않는 것은 큰 차이가 있는 거 아시죠?"

나는 마감 임박 직전 숙제라는 방에서 탈출하기 위해 부산히 손을 놀린다. 그렇게 이 글이 탄생했다.

마성환

작가의 말

글을 통해 시각장애인으로서 겪는 소소한 순간들을 담아보았습니다. 저에게는 평범한 일상이지만, 처음 저의 일상을 접하는 분들에게 이 글이 세상을 더 따뜻하게 바라보는 계기가 되기를 바랍니다.

어느 시각장애인의 평범한 일과

아침 햇살이 커튼 사이로 스며든다. 빛이 방 안을 가득 채우지만, 내 눈에는 그마저도 안개처럼 흐릿하다. 나는 저시력 시각장애인이다. '망막색소변성증'이라는 긴 이름의 질환이 내 시야를 조금씩, 조용히 갉아먹고 있다. 눈에 의존하기 어려운 아침, 나는 감각으로 하루를 시작한다. 어질러진 신발 사이 속 나만 알고 있는 자리에 놓여 있는 운동화, 계단의 개수, 왼쪽으로 두 걸음 나가면 나오는 출구, 이 모든 것을 몸이 먼저 기억한다. 다가오는 자동차 엔진 소리, 지나가는 사람들의 발소리, 살짝 스치는 바람의 방향까지 보이지 않는 이정표가 나의 길을 알려준다.

지하철과 버스를 갈아타는 출근길은 내겐 매일 반복되는 작은 도전이다. 복잡한 플랫폼에서는 사람들의 움직임에 부딪히기도 하고, 뒤섞인 안내 방송에 길을 놓칠까 긴장하기도 한다. 버스를 기다리며 나는 늘 조용히 속으로 묻는다.

'이 버스가 맞는 걸까?'

느리지만 천천히 나는 오늘도 무사히 일상으로 향한다.

직장에 도착하면 여느 회사원과 같은 일과가 시작된다. 서류를 정리하고 전화를 받으며 시간을 쌓아간다. 동료들은 늘 손에 직접 서류를 건네주며 말한다.
"성환 씨, 여기 있어요."
그 짧은 말 한마디와 함께 전해지는 배려는 내 하루를 한결 부드럽게 만들어준다.

점심시간이면 식당에 들른다. 희미하게 보이는 메뉴판을 따라 주문하다 보면 가끔 없는 메뉴를 말하기도 한다. 그럴 때면 직원이 조심스레 알려준다.
"오늘은 김치찌개는 없고 된장찌개 있어요."
그 한마디가 낯설던 식당을 금세 편안한 공간으로 바꾼다. 뜨끈한 국물 한 숟갈을 떠먹으며 마음까지 따뜻해지는 기분을 느낀다.

나는 사람들의 얼굴을 정확히 볼 수 없지만, 그들의 말투, 말의 속도, 잠깐의 망설임 속에서 표정을 짐작한다. 그 감각은 시야보다 더 깊고 섬세하다. 그래서 이 도시 한복판에서도 나는 혼자가 아니다.

퇴근 후에는 달린다. 어딜 향해 그렇게 달리느냐 묻는다면, 나는 여유를 찾아 달린다고 말하고 싶다. 마라톤은 나에게 자유다. 눈만으로는 달릴 수 없기에, 귀로 듣고 몸으로 느끼며 길을 따라 나아간다. 누군가는 내게 물을 건네주고, 누군가는 내 옆에서 걸음을 맞춰준다. 그들과 함께 호흡을 맞추며 달리다 보면 시야는 점점 좁아지더라도 내 마음은 점점 넓어진다.

집에 돌아오면 침대에 누워 드라마를 듣는다. 화면 해설이 덧붙여진 장면들은 눈으로 볼 수 없는 장면까지도 내 귀에 생생하게 그려준다. 어쩌면, 귀로 듣는 이 드라마가 진짜 드라마 같다는 생각도 든다. 눈에 보이는 것만이 다가 아니라는 걸 나는 매일의 삶 속에서 천천히, 그러나 분명하게 깨닫고 있다.

그렇게 나는 오늘도, 한 걸음 한 걸음 앞으로 나아간다.

늘 그렇듯, 함께

이것들은 뭐 그리 지친지
내 몸뚱이가 어찌나 무거워지는지
걸음이 자꾸 느려지는지

이것들은 뭐 그리 힘든지
나를 붙잡은 끈을 어찌나 세게 졸라매는지
어느새 발걸음이 단단해지는지

이것들은 뭐 그리 바쁜지
내 굽이 어찌나 빨리 닳아 가는지
세상에서 내가 제일 빠른 건지

이것들은 내 고마움을 아는지
내일도 모레도 나를 신고 가겠지
늘 그렇듯, 나도 함께 가겠지

박기진

작가의 말

'2025 장벽 없는 제작소' 교육은 여러 장르의 글쓰기를 배울 수 있는 소중한 시간이었습니다. 부족한 글이지만 그 속에서 서툴게 묻어있는 각 작가의 따듯한 마음의 이야기가 독자의 마음에도 전해지길 기대합니다.

세 봉지의 무게

방학 이틀째다. 학생 때보다 교사가 되고 방학을 더 기다리는 것 같다. 방학이면 아내와 딸과 함께 하루 종일 집에서 지낼 때가 많다. 그런데 이번 방학부터는 그러지 못한다. 딸이 인천으로 전학을 가기 때문이다. 중2인 딸은 지금까지 나와 같은 학교에 다니고 있었는데 고등학생이 되기 전에 전학해야겠다고 결심했다. 아무래도 같은 학교에 부녀가 다니게 되면 여러 가지로 불편함이 많다. 내신 성적도 중요한데 괜한 오해를 받을 수도 있고 하여 내린 결정이다. 인천은 처가가 있어 아내와 딸이 생활하기 편한 곳이기도 하다. 전학 갈 학교 근처에 전셋집을 얻어 놓았다. 열흘 뒤면 아내와 딸이 인천으로 올라갈 예정이다.

오늘은 아내와 딸이 인천으로 가기 전 마지막으로 마산에 있는 부모님 댁에 가는 날이다. 부산 장애인 특별교통수단인 두리발은 다른 지역으로 갈 경우 하루 전 예약해야 한다. 어제 예약해 놓은 두리발이 11시가 되면 올 예정이다. 아내와 딸도 준비가 다 된 모양이다. 두리발은 예약 시간보다 30분이나 일찍 왔고, 미리 준비를 마친 우리는 바로 탑승하여 30분 일찍 마산으로 출발했다. 한 시간이 걸려 부모님 댁에 도착하니 지하 주차장으로 어머니가 마중 나와 계셨다.

"어서 와! 온다고 고생 했제. 얼른 들어가서 밥 먹자."

반갑게 맞아주는 어머니와 함께 집으로 들어갔다. 오늘이 마침 초복이라 백숙을 준비하고 계셨다. 아들이 오랜만에 온다고 촌닭을 두 마리 샀다고 하셨다.

어머니는 시원시원한 성격을 가졌다. 강원도 출신이지만 50년째 경상도에 사셔서 완전 경상도 사람처럼 성질 급하고 기분파 상남자 아니 상여자다.

"왔나."

아버지가 짧은 인사를 건넨다. 아버지 역시 경상도 분이라 무뚝뚝한 성격이다. 평생 사업을 하신 터라 판단이 빠르시고 매사에 철두철미하다. 빈틈없는 사업가에 걸맞은 성격이다. 난 부모님의 성격을 반반 닮았다. 어떨 땐 어머니처럼 호탕하고 사람들에게 인기가 많지만, 일을 할 땐 아버지처럼 아주 꼼꼼하고 세심한 스타일이다.

압력솥이 소리를 내며 끓는 동안 거실 소파에 앉아 몇 마디 일상적인 대화를 주고받는다.

"방학했나?"

"네, 금요일에 했어요."

"은설이는 몇 학년이고?"

"중2에요."

"밥 좀 많이 먹어야겠다. 몸이 약하네."

"네, 요즘 잘 먹고 있어요."

그렇게 특별할 것 없는 대화가 오가고 식사가 준비되어 6인용 식탁에 둘러앉았다. 전복, 인삼 등 몸에 좋은 재료가 가득 들어간 백숙은 정말 맛있었다. 모든 자식이 자기 어머니 반찬을 좋아하듯 나도 어머니의 음식을 좋아한다. 예전부터 음식 솜씨가 좋다는 소리를 많이 듣던 어머니였지만 최근 몸이 좋지 않아 예전만큼 음식을 많이 하지도 못하고 실력도 예전 같지 않다고 생각했다. 하지만 오늘 백숙은 어느 경치 좋은 가든에서 먹는 백숙 못지않게 맛있었다. 식사를 마치고 다시 소파에 앉아 2시에 예약된 두리발을 기다렸다. 어머니는 미리 만들어 놓은 국과 반찬을 싸고 있었다.

아버지는 아내와 은설이에게 각각 준비해 놓은 돈을 주셨다. 매번 찾아뵐 때면 작게라도 돈을 주신다. 평생 사업을 하셔서 그런지 따뜻한 말 한마디는 못하지만 돈은 항상 챙겨주신다. 아버지에겐 가장 큰 사랑의 표현이 돈인 것이나. 그런 아버지의 마음을 아는 나는 아버지가 돈을 주시면 그 돈을 쓰지 않고 통장에 모아 놓곤 했다. 왠지 그 돈을 쓰기가 마음 한편이 아프다고 할까.

2시가 거의 다 되어 집에 갈 채비를 하고 있었다.

"니 좋은 술 한 병 줄까?"

"네?"

갑자기 술을 주신다는 아버지의 말씀에 의아해하던 나는 무슨 영문인지 몰랐다.

"너거 큰아버지가 한 번씩 집에 와서 술 한 잔씩 하는데 계속 저 술을 달라고 하더라. 내일도 큰아버지가 온다는데 그냥 니가 가져가라."

아버지는 예전부터 사업 거래처 분들께 종종 술을 선물 받아왔다. 그래서 아버지의 진열장에는 항상 술이 가득 차 있었다. 20년 전에는 아버지 몰래 양주를 많이 빼 먹었었다. 그러나 결혼하고 마산 부모님 댁에 자주 못 오기도 했지만, 와도 잠시 들렀다가 가는 터라 양주를 먹을 생각은 못 했다. 지금 보니 아직도 진열장에 양주가 꽉 차 있었다. 아버지가 '발렌타인 30년산'을 꺼내 주셨다.

문득 지난번에 아버지가 하신 말씀이 떠올랐다.

"내가 몸이 조금만 괜찮아지면 부산 너거 집 가서 좋은 양주 한잔하자."

아버지는 요즘 몸이 안 좋아 운전조차 하기 힘들다. 양주를 모르는 아버지도 발렌타인 30년산은 좋은 걸 아는가보다. 아마 그때 몸이 괜찮아지면 아들하고 먹고 싶었던 양주가 오늘 주시는 발렌타인 30년산이 아니었을까? 큰아버지가 내일 와서 또 달라고 하면 계속 안 주기가 미안해서일까? 아니면 이제 몸이 괜찮아지기는 어렵다고 판단하신 걸까? 양주의 무게가 유독 무겁게 느껴졌다. 어머니가 싸주신 옥수수 한 봉지, 국과 반찬 한 봉지, 발렌타인 30년산 한 봉지, 이렇게 무거운 세 개의 봉지를 들고 집으로 돌아왔다.

오랜만에 찾은 부모님 댁에서 머문 2시간 반. 그 짧은 시간 나눈 이야기는 일상적인 대화 외에 몇 마디 안 되는데 집에 오는 시간 내내 마음이 뭉클해지고, 돌아와서도 여운이 길게 남는다. 점점 노쇠해지는 부모님을 생각하니 이젠 함께 할 시간이 얼마 남지 않았을 수도 있겠다는 생각이 든다.

자주 찾아뵙고, 전화도 자주해야 하는데 너무 무심했다.
언젠가 아버지가 부산에 오시면 이 발렌타인 30년산을 같이 먹고 싶다.
한 번만이라도 그런 날이 왔으면 좋겠다.

한 잔 생각

퇴근길
지친 어깨는 무겁지만
잠시 후 만날 너의 생각에
발걸음이 가벼워진다

어둠이 깊어질수록
밝아지는 거리의 불빛
지친 내 마음에도
희망의 빛이 스며든다

투명한 잔 속으로
채워지는 너의 모습에
힘든 기다림은 끝이 나고
반가운 미소 그 잔에 비치네

가득 찬 네가 흐를세라
조심히 들어 올려
한번 쳐다보고는
부드럽게 입을 맞춘다

한 모금 홀짝 넘기니
세상 모든 고민 사라지고
또 한 번 넘기니
세상 가장 행복한 사람이 되네

기쁠 때나 지칠 때
늘 옆에 있어 준 너이기에
오늘도 너와 함께
하루를 마무리한다

박안나

작가의 말

한때 간호사였지만, 지금은 시각장애인이 된 지 2년이 흘렀습니다. 글쓰기와는 거리가 멀었던 저에게 '2025 장벽 없는 제작소' 창작 수업은 길잡이가 되어주었습니다. 초보 작가지만 고심하고 또 고심하여 썼습니다. 완벽하진 않지만 마음의 눈으로 읽어봐 주세요.

차가운 눈물

뚝뚝 떨어지는 차가운 눈물

온기로 감싸 쥔 너는 속절없이 녹아내린다
천천히 음미하려 했건만
날 기다려주지 않는구나

나를 비웃듯 지나가는
인생도 너와 같을까

똑딱 녹아내리는 시계처럼
애원해도 기다려주지 않는 것

속절없는 세월 속에서
오늘도 나는 바삐 움직이네

외로운 기다림

오늘도 기다립니다
까만 화면에 나의 두 눈만 깜빡입니다

오늘도 기다립니다
울리는 벨 소리가 그대이기를
간절히 바라봅니다

차라리 만나지 않았더라면
차라리 그때 말을 섞지 않았더라면
애타는 기다림도 없었을까요

오늘도 기다립니다
그대의 무심한 마음을

어머니, 제발 쉿!

머리가 빠지기 시작했다.
'뭐지, 머리가 왜 이렇게 많이 빠지지?'
탈모가 오기 시작했다. 믿을 수가 없었다.
'20대에 탈모라니….'
급히 병원을 찾았다.
"탈모 초기 증상입니다. 약을 처방해 드리겠습니다."
의사가 말했다. 약을 들고 집으로 왔다. 이건 분명 스트레스 때문이다.

종합병원 간호사 일은 힘들었다. 요양병원으로 근무지를 옮겼다. 여러 종류의 간호사 근무 중에서 '나이트 킵'이라는 근무를 택했다. 야간 근무만 하는 것인데, 한 날의 반은 일하고 나머지 반은 쉴 수 있는 근무다. 남들이 하루를 마무리하는 시간에 출근했다. 출근하면 환자들은 잔다. 앞 근무자에게 인수인계를 받는다. 인계를 끝낸 선생님이 퇴근하면 내 업무가 시작된다.

먼저 라운딩을 한다. 라운딩이란 병실을 한 바퀴 돌며 여러 가지를 확인하는 것이다. 수액은 잘 들어가고 있는지, 침상 난간은 내려가지 않았는지, 열이 났던 환자의 체온이 정상으로 돌아왔는지 꼼꼼히 살핀다.

일은 생각보다 금방 적응했다. 그것도 잠시였다. 태풍이 오기 전 가장 고요하다는 누군가의 말처럼 평화는 잠시였다. 새 병동에서 왜소한 체구의 말 없는 치매 환자를 만났다.

'저 할머니는 조용하시구나.'

그 날도 여느 때와 똑같이 라운딩을 마치고 간호사실로 돌아왔다.

"경찰아, 나 잡아가라!"

병동에서 조용했던 치매 할머니의 외침이다. 병실로 뛰어갔다.

"어머니, 왜 그러세요? 잠이 안 오셔요?"

물음에는 대답도 하지 않고, 소리만 지르신다.

"거 좀 조용히 시켜요! 잠을 못 자겠네!"

여기저기서 아우성이다. 허기가 진 건가 싶어 간식을 가져다드렸다. 시끄러웠던 첫 소동이 지나갔다.

하지만 할머니의 증상은 나날이 심해졌다. 내가 출근만 하면 소리를 지르셨다. 온 병동이 떠나가라 고함을 치셨다.

"나 잡아 가이소, 동구야!"

이제는 간식으로도 해결되지 않았다.

"안나 쌤, 어제도 밤새 시끄러웠네. 고생했겠다."

"네, 전에는 안 그러셨는데…. 요새 들어 더 심해지신 것 같아요. 같은 병실 환자분들이 잠을 잘 수 없다고 불만이세요."

증상을 조절하기 위한 약이 추가되었다. 하지만 소용이 없었다.

"안녕하십니까, 7병동입니다. 706호 김○○님, 2시간 넘게 Irritable 하셔서 다른 환자분들이 불만이세요."

Irritable이란 매우 불안정한 상태를 의미하는 의학 용어다. 오늘따라 더 심하다. 하는 수 없이 야간 당직 의사에게 전화했다.

"Haloperidol 1/2앰플 IM 하세요."

진정제를 근육 주사하라는 처방이다. 할머니에게 진정제를 투여하자 곧 잠이 드셨다. 마음이 편치 않았지만, 다른 환자분들이 잠을 청할 수 있어 한편으로는 다행이었다.

할머니의 소동은 계속 심해졌다. 출근길 발걸음이 점점 무거워졌다.

'오늘도 소동을 부리시면 어떡하지…. 제발 오늘은 조용히 주무셨으면 좋겠다.'

매일 같은 생각을 하며 출근했다. 바람과 달리 어김없이 할머니의 외침이 들렸다. 진정제를 매번 투여할 수는 없다. 잠 못 들어 소리치는 할머니를 휠체어에 태웠다. 야간 전산 업무를 끝낸 후, 간호사실에 할머니와 함께 앉았다.

"어머니, 다른 분들 주무시는데 어머니도 조용히 하고 주무셔야죠."

인지 저하로 내가 누군지도 모르는 할머니는 대답이 없다. 할머니가 소리 지르려 하실 때마다 나는 손사래를 친다.

"어머니, 제발 쉿!"

몇 달이 지나자 머리가 빠지기 시작했다. 야간 근무가 끝나면 피부과로 향했다. 탈모 시술을 받고 집으로 향했다. 출근길이 점점 걱정스러워지기 시작했다. 다른 환자들의 불평도 심해졌다. 결국 할머니는 다른 병동으로 옮겨갔다. 신기하게도 머리카락이 다시 나기 시작했다. 탈모가 나은 것이다. 그렇게 마음을 괴롭혔던 환자가 다른 곳으로 갔다는 생각에 처음에는 후련했다. 하지만 마음 한편에 알 수 없는 미묘한 감정이 남았다.

나는 아직도 그 환자가 생각난다. 간호사가 되기 전엔 치매 환자 가족들의 마음을 잘 알지 못했다. 하지만 일을 하며 치매 환우를 돌보는 것이 매우 힘든 일이라는 걸 알게 되었다. 지금도 임상에서 많은 간호사들이 육체적, 정신적 노동을 하고 있다. 많은 사람들이 간호사에게 따뜻한 말 한마디 건네주면 좋겠다. 그 한마디가 누군가에게 고단한 하루의 등불이 될 것이다.

나는 시각장애인이 되었다. 더 이상 병원에서 일을 할 수가 없게 되었지만 마음만은 간호사였던 그때의 나를 품고 살아간다.

박춘봉

작가의 말

'2025 장벽 없는 제작소'를 통해 글은 아무나 쓰는 게 아니지만, 누구도 쓸 수 있다고 여기게 되었습니다. 그럼에도 쉽게 쓰인 글은 없기에 독서에 대한 마음가짐도 달라졌습니다. 여러 작가님으로부터 문학 분야의 감수성을 일깨우는 소중한 계기가 되었고, 지역 문화예술인 활동이 있어 삶이 한층 풍성해졌습니다.

다대포 풍경

바다를 향해 곧게 뻗은 철로에는
그 직전에 남겨진 삶의 채취만 가득하고

낙동강 줄기에 담긴 이야기들은 더 많은 친구들과
조우하려 오로지 바다로만 내달리고

연인의 발자국을 붉게 물들이는 노을이
저 멀리 해를 밀어내는 때가 되면

음악과 함께 불꽃처럼 시공간에 뿌려진다.
사랑으로 남겨지는 진심이

당신에게 건넨 편지

시인이 되려고 그래왔던 건 아니었는데
마음을 전하는 편지를 써왔습니다.

당신에게도 마음을 담아 드렸습니다.
'읽어봐 주세요'를 되뇌며…

양복 안주머니에 밀봉된 편지를 보고
가슴이 아파 울었습니다.

당신도 울었습니다.
가슴에 닿는 일주일이 설레었다고…

바람이 들려주는 이야기: 부산

　부산 앞 바다에서 해운대 백사장으로 부드러운 바람이 불어왔다. 바람은 옅은 소금기를 머금고 부산 곳곳의 고층 빌딩 숲을 스쳐 지나 이내 낡은 골목길로 접어들었다. 과거와 미래가 현재로 공존하는 듯 초고층 빌딩들과 산허리까지 촘촘히 들어선 오래된 집들이 가득했다. 이곳저곳을 다니며 한껏 몸을 푼 바람은 송도해상케이블카와 공룡 모형들이 있는 암남공원에서 잠시 쉬어가기로 했다. 그곳에서 바람은 잠시 멈춰 서서 한 노인의 굽은 등을 어루만졌다. 노인은 작은 나무 의자에 앉아 한 손으로는 녹슨 낚싯대를 다른 손으로는 빛바랜 사진 한 장을 쥐고 있었다. 사진 속에는 젊은 시절의 노인과 해맑게 웃고 있는 한 여인이 있다. 바람은 속삭였다.
　"기억하나요, 할아버지? 저 여인과 함께 거닐었던 이 길."
　노인의 눈가에 잔잔한 물결이 일었다. 그는 사진을 가만히 내려다 보며 희미한 미소를 지었다.

　바람은 다시 움직였다. 자갈치 시장의 활기찬 소란 속으로 뛰어들었다. 생선 비린내와 사람들의 왁자지껄한 목소리를 한데 섞었다.

"보이소! 싱싱한 고등어 팝니데이!"

"아지매, 이기 얼마고?"

"어예 오이소!"

바람은 좌판을 정리하는 상인의 땀방울을 식혀주고, 흥정하는 여인의 웃음소리를 실어 날랐다. 문득, 바람은 한 아이의 맑은 눈빛과 마주쳤다. 아이는 장 보러 나온 엄마의 손을 잡고 깡충깡충 뛰어가며 부산의 모든 것을 스펀지처럼 흡수하고 있었다. 바람은 아이의 뺨을 간질이며 속삭였다.

"이 모든 것이 너의 추억이 될 거란다."

저녁이 되자 바람은 용두산 공원으로 향했다. 부산타워 아래에서 젊은 연인들은 서로의 손을 잡고 야경을 감상하고 있었다. 바람 속에 스며든 바다 내음을 맡으며 전망대까지 올라온 사람들을 바람은 유심히 살폈다. 그들의 눈과 입가에는 서로를 향해 느끼고 추억하게 될 웃음만 가득했다. 바람은 그들 사이를 유유히 흘러가며 사랑의 속삭임을 실어 날랐다. 그리고 속삭였다.

"이 순간의 설렘이 화려한 야경과 함께 영원히 기억되기를."

밤이 깊어질수록 바람은 더욱 잔잔해졌다. 감천문화마을의 알록달록한 지붕들 위를 지나며 그곳에 사는 이들의 조용한 숨결을 들었다.

한국전쟁 이후 70여 년 전부터 조성된 삶의 애환이 현대 문화로 다시 피어나 담벼락마다 새겨진 것을 느끼며 바람은 속삭였다.

"모든 삶은 저마다의 이야기를 가지고 있지."

새벽녘, 바람은 다시 부산 해운대 앞바다로 돌아왔다. 수평선 너머로 붉은 해가 떠오르기 시작하자 바람은 바다에게 속삭여주었다. 바다는 사람들의 이야기가 늘 궁금했다. 광안리 해수욕장을 가로지르는 광안대교 위 사람들의 소리에 귀 기울여 보았지만 쌩쌩 내달리는 차들의 소음만 들렸다. 해변 열차 옆 부산그린레일웨이 산책로와 곳곳에 바다를 향해 뻗은 산책로를 거니는 사람들의 이야기도 궁금했지만 바다의 귀에는 도통 말소리가 들리지 않았다. 또 바다와 맞닿아 있는 하늘로 곧게 뻗은 화려한 초고층 빌딩들 속에서 생활하는 사람들도 궁금했다. 바다는 이 모든 이야기를 가져다 줄 바람만 기다렸다. 바람은 새롭게 알게 된 부산 사람들의 이야기를 머금고 돌아와 매일 바다에게 재잘거렸다.

오늘도 바람은 바다에게 속삭인다. 당신을 스쳐 가며 느껴진 삶의 향기를 머금고….

설지원

작가의 말

우린 서로 다른 모습으로 살아가지만, 모두 이 세상을 살아가는 소중한 존재입니다. 저 또한 이 세상의 조각이며, 그대 또한 세상을 이루는 퍼즐의 한 조각입니다.
아무리 작은 조각이라도, 그 조각이 빠지면 그림 퍼즐은 완성될 수 없습니다.
제가 그리는 세상의 그림 퍼즐을 완성하는 데는 당신의 퍼즐도 꼭 필요하단 걸 기억해주세요.

건강한 네 다리의 '대한민국 전국 방방곡곡 도장 깨기' '세계 방방곡곡 투어'를 위한 실전모의고사 같은 실전기!

나는 저시력 시각장애인 설지원이다.

튼튼한 두 다리로 어디든 뽈뽈거리며 돌아다니는 걸 좋아한다. 그래서 주변 사람들은 나에게 '다람쥐'란 별명도 붙여주었다. 반복되는 일상에서는 매일 같은 곳을 가고 큰 변화 없이 하루하루를 살아간다. 그래서 큰 어려움도 스펙터클한 일도 잘 없다. 그런 나에게 건강한 두 다리를 가진 여행 메이트가 생겼다. 내 여행 메이트는 전맹 시각장애인. 내 두 다리에서 네 두 다리가 더해져 네 개의 다리가 되었다.

여행은 계획을 세워도 계획대로 되지 않은 우리의 인생과 닮았다. 우린 늘 실전 같은 모의고사를 준비하지만 현실은 다르다. 이 또한 여행의 묘미! 튼튼한 네 개의 다리가 전국 방방곡곡을 누비면 과연 어떤 일이 벌어질까? 그 첫 번째 이야기를 하려고 한다.

날짜: 2025년 5월 4일
부제: 너와 나의 봄 같은 오지랖

5월의 푸름과 아직 조금 남아있는 겨울의 차가운 입김이 공존하던 황금연휴, 우리는 서울에 있었다. 2박3일의 여정 중 이틀째인 5월 4일, 우리는 계획대로 남산으로 향했다. 목적지는 'YTN서울타워'(서울 용산구 남산공원길 105). 튼튼한 네 개의 다리는 북적거리는 서울지하철을 타고 명동역에서 내렸다. 서울 시내 중 명동은 그중 가장 붐비는 서울의 대표적인 관광지 중 한 곳이다.

이번에 다시금 느끼게 된 건 눈치만 있다면 분주히 움직이는 사람들만 잘 따라다녀도 맛집과 명소는 검색 없이도 갈 수 있다는 거다. 많은 인파 속에서 발이 밟히고 어깨가 부딪히는 것은 너무나 자연스러운 일이라 아무렇지도 않다. 검색하고 와도 헤맬 때는 어쩔 수 없다. 순간 찾아오는 당황과 동요를 잠재우기도 전 지나가는 중년 나그네가 말을 걸었다.

"어디가세요?"

호의의 말이 왠지 짜증스럽게 느껴졌다.

"아, 제가 갈 수 있어요!"

당당하게 얘기하고 속으로 되뇌었다.

'가시던 길 가시지 왜 오지랖이신지?'

중년 나그네는 나를 짜증나게 하려고 그런 것이 아닐 것이다. 하지만 그땐 알지 못했다. 글을 쓰고 있는 지금에서야 반성하게 된다. '아' 다르고 '어' 다르다고 다음엔 '감사해요. 제가 갈 수 있어요.'라고 말씀드려야겠다. 다음 기회에 도움이 필요할 때 마주치길…. 그때 더 친절한 도움 받기를 부탁드리며….

　명동역 4번 출구로 나오면 남산 오르미까지 노란 선형블록이 깔려 있다. 그 덕에 어렵지 않게 오르미까지 갈 수 있다. 명동역 4번 출구로 향하는 인파의 98%는 남산으로 향하는 사람들이라 그냥 그들 사이에서 함께 거닐면 된다.

　남산오르미(서울 중구 회현동2가 48-2)는 남산케이블카 매표소까지 이어지는 경사형 엘리베이터다. 휠체어와 유모차 이용객의 편의를 위해 만들진 엘리베이터의 길이는 140m, 속도는 60m/min다. 그리 길지도 빠르지도 않다. 사실 튼튼한 네 개의 다리로 옆 계단을 통해 걸어 올라가는 것이 훨씬 빨랐을 거다. 하지만 너도나도 줄 서는 것을 보며 뭔가 특별한 것이 있을까 싶어 우리도 줄을 섰다. 1분도 채 되지 않는 오르미를 타기 위해 우리도 40분가량 줄을 섰다. 사실 이때까지만 해도 매표소의 상황을 전혀 상상하지 못한 채 우리는 그저 즐거웠다.
　드디어 우리의 탑승 차례가 다 되어 갈 때쯤 왼편으로 외국인 노부부가 다가와 그늘 한 곳에 휠체어를 세웠다. 뙤약볕을 피해 할머니는 그늘에 두고, 할아버지는 줄을 서려고 했다.
　"Excuse me? here….'
　뒷일은 생각지도 않고 내 입에서 우리 앞에 서라는 말이 나왔다. 오르미는 휠체어와 유모차 이용의 편의를 위해 만들어졌다. 하지만 사람들의 입소문으로 명물이 되어버린 상황에서 노부부를 위해 잠시 오지랖을 부렸다. 할아버지는 두 손을 공손히 모은 채 허리를 꾸벅 숙이며 인사했다. 평등과 차별 없는 사회를 중시하는 외국인에게 선 넘은 오지랖이었다. 할머니의 따스한 미소와 함께 할아버지는 40분가량 되는 기다림의 미학이 있는 뒷줄 끄트머리로 향하셨다. 옷깃만 스쳐도 인연이라고 이 노부부와의 인연을 다시금 기약하면서….

황금연휴라는 사실을 까마득히 잊은 채 우리는 매표소에 도착했다.
"뜨악!! 대기시간 150분!"
그래도 여기까지 온 이상 기다려야한다. 유명 명소에 왔다는 게 실감 났다. 만차인 주차장에서 들려오는 차 소리, 구름 같은 인파의 웅성웅성한 소리가 귀를 때렸다. 매표소 앞 남산 둘레길을 따라 길게 늘어선 줄이 장관이었다. 줄이 조금씩 앞으로 나아가서 재미있다는 말도 안 되는 우스갯소리를 하며 그 대열에 합류했다.
"장애인 왕복 두 장이요."
표를 끊고도 탑승장까지 3층을 더 올라가야 했다. 2층 중간까지 오니 다리가 아팠다. 파란 조끼를 입은 직원이 지나가는 걸 보고 번뜩 생각이 들었다. 하늘색 복지 카드를 내밀었다.
"혹시 따로 저희가 줄을 기다려야 하나요?"
"표 발권 받으실 때 따로 안내 못 받으셨나요? 1층에 있는 엘리베이터 바로 이용하시면 되는데."

직원은 무전을 쳤다.

"두 분 3층으로 바로 올라가십니다."

'이게 웬 떡인가! 아싸!'

아프던 다리가, 무거워지려던 발걸음이 사뿐사뿐 가벼워지는 마법에 걸린 듯했다. 그렇게 튼튼한 네 개의 다리는 바리케이드로 가려진 엘리베이터를 뚫고 3층으로 순간 이동했다.

전국 어디든 복지 우대를 해주는 곳은 서슴지 말고 부끄러워말고 제도와 시스템을 적극 활용하자. 나도 사실 34년을 저시력 시각장애인으로 살아오면서 지하철 노약자석에 앉는다거나 복지 카드를 당당하게 내밀게 된 것은 불과 얼마 되지 않았다. 용기 있는 내 한마디를 스스로 칭찬해 주었다.

우리가 3층 탑승장으로 올라오자 무전기가 한 번 더 울렸다.

"치지직, 휠체어 손님 2분 올라가십니다."

그렇다. 오르미에서 만난 그 외국인 노부부였다. 우린 무사히 여기까지 도착한 노부부에게 반가움의 표시로 옅은 미소를 보내며 케이블카에 몸을 실었다. 케이블카를 타고 팔각광장까지는 3분도 채 걸리지 않았다.

제주도에는 돌, 바람, 여자가 많다는 널리 알려진 '삼다' 이야기가 있다. 그런데 우리가 도착한 팔각광장에도 '삼다'가 있었다.

쉬이익, 거센 겨울의 세찬 입김. 아직 우리 곁에 머물러 있다고 존재감을 뿜어냈다.

샬라샬라, 외국인 관광객들의 이야기 소리. 외국인들의 대화 속에서 해석되지 않지만 여행의 설렘과 행복함이 느껴졌다.

철컥철컥 퉁퉁, 남산의 명물 자물쇠 소리. 남산을 오르는 사람들의 첫 번째 목적이다. 가족의 건강, 친구의 우정, 연인의 영원한 사랑 등 많은 바람, 희망, 눈물이 담긴 곳! 이곳이 남산 자물쇠다. 새로운 바람과 약속을 거는 사람부터, 예전에 걸어 놓은 자물쇠를 찾는 사람들까지 남산의 평온하면서도 분주한 시간이 흘렀다.

여행 메이트 손을 철조망에 달린 자물쇠에 가져다주며 여느 관광객처럼 우리도 우리의 시간을 흘려보냈다. 철조망에 걸린 자물쇠는 사실 굉장히 차가운 느낌을 주지만, 자물쇠의 소망, 바람, 사랑이 빼곡하게 모여 따뜻했다. 저시력인 내가 자물쇠를 보고 느낀 마음과 생각이 여행 메이트에게 닿길 바라면서 그의 손이 자물쇠 하나하나를 스쳐 지나가는 시간을 천천히 기다려줬다. 세상은 눈으로 모든 걸 볼 수 없다. 때론 귀로 듣고 손으로 만져보며 느끼고 그들의 마음에 함께 공감해 줄 수 있다.

금강산도 식후경, 남산엔 소문난 먹거리가 많다. 유명 프렌차이즈 카페, 식사 시간 동안 360도 회전하는 레스토랑 '앤그릴', '101번지 남산돈가스 본점'까지 널리 알려져 있다. 간단한 맥주 한잔도 가능하고 요기를 할 수 있는 군것질거리도 곳곳에 있다.

우리가 곳곳을 염탐하는 동안 눈에 띈 한 가지, 아이스 팩토리 아이스크림 자판기다. 사실 다른 아이스크림과 별반 다를 건 없다. 생과일 셔벗, 그저 모양이 좀 더 예쁘게 생긴 한 입거리 요 녀석 하나의 가격은 4,500원. 사악한 아이일 뿐이다. 맛도 사실 우리가 평소에 먹는 그 아이스크림 맛이다. 하지만 여행이라는 녀석이 거들어줘서 우리가 평소에 먹던 아이스크림이 그 아이스크림이 아닌 게 된다.

저시력 시각장애인 나는 새로운 환경과 요즘 나오는 키오스크에 맞닥뜨리면 서툴다. 그래서 디지털강국 코리아의 국민으로서 스마트폰을 적극 활용하여 사람들의 후기를 빠르게 검색한다. 아이스크림 자판기 사용법과 메뉴 또한 온라인을 통해 찾아 습득했다. 뭐 어찌 되었든 성공했으면 됐다.

시각장애인 우리네 일상은 늘 그렇다. 너와 나, 네 개의 다리는 사실 진짜 튼튼하다. 다리만 튼튼한 것이 아니라 전체가 다 튼튼해서 누가 쉽게 다가와서 말을 걸고 그럴 인상은 아니라고 생각한다. 그런데 금발 외국인 남성이 말을 걸었다.

"Excuse me? Help me please?"

그는 자신의 카드를 흔들며 영어로 뭐라고 하지만 사실 나는 영어를 잘 못한다. 대충 단어를 조합해 보면 '나도 너희들 손에 들려 있는 그것을 가지고 싶은데 도와줄 수 있니?' 정도로 짧게 요약할 수 있겠다. 흔쾌히 한번 해본 솜씨로 다시금 자신 있게 시도해 보았다. 하지만 자판기는 아무런 반응이 없었다. 정확한 건 잘 모르겠지만 카드가

인식되지 않았다. 그는 여행 메이트 손에 들린 아이스크림과 카드를 교대로 쳐다보고는 지갑에서 5,000원 짜리를 꺼내주었다. 현금 사용이 가능한 자판기지만 그날은 사용이 불가능한터라 나는 잔돈은 어떡할지 고민하다가 "NO!"라고 대답했다. 금발의 그는 "Thank you!"라는 정중한 인사와 함께 사라졌다. 정확히 말하면 우리가 우리 갈 길을 갔다고 해야 맞는 말이다.

"선물이라 생각하고 그냥 하나 사주지 그랬어?"

여행 메이트의 말에 아차! 싶었다. 그래, 난 순간의 센스가 부족하다. 인생은 타이밍인데, 복을 받으려면 복을 지으라 했는데…. 나의 센스 부족으로 복금통에 복을 하나 놓치게 되었다.

남산은 동서남북 곳곳이 사진 명소다. 너도나도 여기저기 서서 사진 찍기에 바쁘다. 서울 경치가 내려다보이는 난간에 사진 촬영이 끝난 사람이 하나둘 자리를 뜨면, 나는 북적거리는 사람들 속에 여행 메이트를 밀어 넣어 그의 모습을 카메라에 담아주었다. 사진을 찍어주면 메이트는 챗GPT에게 물어 풍경과 현재 상황 그리고 역사적 사실까지 듣는다. 어쩌면 저시력인 내가 설명해 줄 수 없는 부분까지 우리의 또 다른 여행 메이트 챗GPT가 책임지기에 훨씬 마음이 가벼웠다.

나의 여행 메이트는 사진 찍는 걸 좋아한다. 사실 사진을 전송해 주어도 자기 자신을 볼 수는 없다. 사진 또한 들을 뿐이지만 그의 앨범에 또 한 장의 추억이 담기길 소망한다. 더 나아가 먼 미래 그 앨범을 볼 수 있을 때를 바라본다. 그렇게 우리는 우리의 걸음으로 우리의 속도대로 우리의 방향으로 그들과 함께 즐기고 느끼고 있었다.

하산을 위해 케이블카 탑승장으로 향했다. 그런데 웅성웅성 소란스러운 분위기가 감지되었다. 강풍으로 인하여 금일 케이블카 운행 종료라는 안내가 세워져 있었다. 겨울의 입김이 아직 끝나지 않은 것이다. 운행이 언제 재개될지도 모르고, 안 된다 하면 포기가 빠른 우리.
"걸어가야지 방법 있냐? 가자!"
지난여름 제주도 여행 때 모르는 게 약이라는 말을 실감한 '민오름 소동'을 겪은 탓에 '케이블카 중단 하산 소동'은 그렇게 큰 문제도 아니었다.
"다행이다. 올라오는 걸 타고 올라와서!"
"그치, 시각장애인이 다니기엔 계단이 너무 불규칙해. 남산 도로 정비 사업이 시급해 보인다."
"아까 그 휠체어 노부부는 어떻게 내려갈까?"
위안과 오지랖을 부리며 남산에서 내려갔다. 걸어서 올라오는 사람들이 얼마나 남았냐고 물으면 의연하게 대답해 주며 다음 남산 방문을 기약했다.
하산 중 나의 두 다리는 네 두 다리에게 '탁 탁 탁' 흰 지팡이가 되어주었다. 너의 두 다리는 내 두 다리에게 '짹 짹 짹' 자연의 새 소리를 들었다고 알려 주었다. 내가 안전한 하산에 신경 쓰느라 놓친 부분이었다.

　우리의 봄 남산 이야기처럼 차가운 오지랖도 따뜻한 오지랖도 모두 함께 할 때 살아 숨 쉬는 것에 감사함을 느낀다.

　차가운 바람이 사라질 그쯤, 파릇파릇한 잎을 틔우며 만물이 소생하고, 뜨거운 여름을 기다린다. 다시 찾아와줄 것을 알기에 우린 차가운 겨울을 미련 없이 보내준다.

　빨간불이 꺼지자마자 초록불이 들어오면, 차는 멈추고 우리 모두 건널목을 건너간다. 다음 신호에 빨간불이 켜지면 우리는 다시 멈춰야 한다는 걸 안다. 우리의 건강한 네 개의 다리도 그들의 자연스러운 발걸음에 박자 맞춰 우리네 공감거리를 안은 채 여름을 향해 오늘도 걸어간다.

식탁의 합주

어둠 속 젓가락
음악가 지휘봉처럼
그릇 위를 맴도네

쨍강 짤그랑 톡
사기그릇 가장자리 스치는 소리
놋그릇 속 밥알 부딪히는 소리
접시 위 반찬들 춤추는 소리
수저통 악기들이
저마다 소리를 내어
나만의 합주를 시작하네

이끌림 따라 다가가면
손끝에 닿는 촉감들
매끈한 두부

오돌토돌한 콩자반
미끄덩거리는 오이냉국

조심스레 집어 올리면
때론 허공만 가르고
때론 톡 하고 떨어져
아쉬운 탄성 자아내지

입가에 다다르다
또르르 달아나는 김치 조각
애써 잡은 반찬이
접시 위로 되돌아가면
웃음 짓는 나의 작은 연주회

그래도 괜찮아
다음 소리가 기다리니까
다음 촉감이 기다리니까
나의 젓가락은
멈추지 않는 지휘봉

오늘도 삶의 소리를 연주하네

손끝으로 빚어낸 제주의 미소

제주도의 푸른 바람이 뺨을 스치고, 짭조름한 바다내음이 코끝을 간질이는 오후를 만끽하며 제주를 여행 중이에요. 내 여행 메이트는 앞을 전혀 볼 수 없는 전맹 시각장애인이에요. 눈으로 세상을 담을 수 없지만, 그의 손끝은 그 어떤 눈보다도 섬세하게 세상을 탐색해요.

제주 여행 중, 우리는 우연히 돌하르방 앞에 섰어요. 제주 곳곳에서 만나는 돌하르방은 그 특유의 넉넉하고 인자한 미소로 유명하잖아요. 그 미소를 눈으로 담으며 외쳤어요.
"여기 돌하르방이 서 있어!"
그는 호기심 가득한 표정으로 손을 뻗었어요. 시원한 현무암의 질감이 그의 손바닥에 닿는 순간, 그의 얼굴에 잔잔한 미소가 번졌어요. 그의 손가락은 마치 숙련된 조각가처럼 돌하르방의 얼굴을 따라 찬찬히 움직였어요. 울퉁불퉁한 코를 만지며 키득거리고, 두툼한 입술을 더듬으며 혼자 피식 웃었죠. 특히 그 우스꽝스러우면서도 친근한 눈매를 더듬을 때 그 모습은 너무나 사랑스러웠어요. 돌하르방의 눈은 마치 두툼한 현무암 덩어리를 툭 떼어내 붙인 듯 둥글고 납작한 모양이에요. 그가 그 눈매를 손가락으로 조심스럽게 쓸어내리자, 제 눈에는 돌하르방이 정말로 환하게 웃는 것처럼 보였어요.

그는 돌하르방의 우스꽝스러운 표정을 손끝으로 읽어내고, 그 표정에서 제주의 푸근한 마음을 느낀 것 같았어요. 돌하르방이 단순히 돌조각이 아니라 제주의 넉넉한 마음이 깃든 살아있는 존재로 다가오는 순간이었어요. 눈으로 보는 것만이 전부가 아니라는 걸, 손끝으로도 충분히 깊은 감동을 느낄 수 있다는 것을 여행 메이트를 통해 다시 한번 깨달아요.

다음 날, 우리는 제주 서부 지역에 있는 민오름 등반에 도전했어요. 한적한 길을 따라 오르기 시작했는데 길을 잘못 들었는지 어느 순간부터 끝이 보이지 않는 가파른 계단이 나타났어요. 땀방울이 비 오듯 쏟아지고, 다리는 천근만근 무거웠어요.

"괜찮아?"

"괜찮아. 올라갈 수 있어!"

제 어깨를 더 꽉 잡는 그를 보며 저도 더 힘을 냈죠. 민오름은 분화구가 깊고 넓은 말굽형 화산체인데, 저희가 오르던 길은 그 말굽의 한쪽 가파른 능선이었나 봐요. 다행히 계단 옆으로는 난간이 설치되어 있었고, 그는 난간을 짚으며 묵묵히 한 걸음씩 내디뎠죠. 좁고 가파른 길을 오르는 동안 그는 쉴 새 없이 숨을 헐떡였지만, 한번도 주저

앉지 않았어요. 그의 손끝은 난간의 차가운 철제 질감, 그리고 바람에 흔들리는 풀잎의 부드러움을 기억하고 있었을 거예요.

마침내 정상에 도착했을 때, 우리는 숨을 고르며 풍경을 바라봤어요. 바람이 시원하게 불어왔어요. 저 멀리 펼쳐진 제주의 푸른 바다가 눈앞에 들어왔어요. 그는 고요히 서서 바람의 감촉과 풀잎 냄새를 온몸으로 느꼈어요.
"여기 정말 멋진 풍경이 펼쳐져 있어!"
그는 자신의 손을 심장 위에 올렸어요. 그의 심장은 격렬하게 뛰고 있었지만, 그가 내뿜는 숨결은 평온했어요.
"이게 바로 그 풍경이야."라고 말하는 듯한 그의 손짓에 저는 말없이 고개를 끄덕였어요.
눈으로 볼 수 없는 풍경을 마음으로 그려내고, 온몸으로 느끼는 그의 모습은 그 어떤 풍경보다도 아름다웠어요. 민오름 정상에서 바라본 제주 풍경은 온몸으로 기억하는 감격의 순간과 함께 제 가슴 속에 영원히 남을 거예요.

성주연

작가의 말

글을 쓰면서 나와 뽀삐의 시간이 다르다는 것을 새삼 깨닫게 되었습니다. 나의 1년이 뽀삐의 7년이었다는 사실에 마음이 촉박해지기도 했습니다. 늘 저에게 7배의 사랑을 주었던 뽀삐에게 이제는 제가 그만큼의 사랑을 더 주려고 합니다. 여러분도 소중한 존재와 함께하는 시간에 늘 최선을 다하시길 바랍니다.

소소하지만 소중한

푹푹 찌는 더위를 견제라도 하듯 요 며칠 억수같이 비가 퍼부었다. 마른장마로 걱정을 내비치던 사람들도 이제 비가 너무 많이 온다고 걱정들이다. 비가 와서 그런지 25°로 맞춰놓은 에어컨 바람에도 여기저기 닭살이 돋는다. 쉴 새 없이 쏟아지는 에어컨 바람에 긴 카디건을 걸쳐 입고 오들오들 떨고 있다.

'한여름에 참 배가 불렀지.'

점심시간이 다 되어 가자 집중력은 흐려지고 모니터 속 글자들은 눈에 들어오지 않는다. 휴대전화 화면을 껐다 켰다 시간을 계속 확인했다.

11시 38분 46초… 47초… 48초….

평소 제발 느리게 가달라고 애원할 때는 내 부탁을 무시하던 시간이 이럴 때는 1초를 1분처럼 내보낸다.

지이이이잉

느리게 가는 시간에 한숨이 나오려던 찰나 엄마에게서 연락이 왔다. 거실 중앙에 누워 자는 뽀삐의 뒷모습을 찍은 사진이었다. 자는 모습도 너무 귀여운 뽀삐의 모습에 엄마에게 곧장 답장했다.

귀여워ㅋㅋㅋ
요새 하루 종일 잠만 자네.

나의 귀엽다는 말에 돌아온 엄마의 답장에는 잠을 많이 자는 뽀삐에 대한 걱정이 묻어있었다.

더워서 기운이 없나보다.

대수롭지 않게 다시 답장을 보냈지만 습도 높은 날씨에 땀을 잔뜩 흘린 것처럼 마음이 찝찝했다. 몇 달 전, 집에 갔을 때 어디가 아픈지 기운 없이 잠만 자던 뽀삐 모습이 떠올랐다. 주말이나 휴일, 내가 늦잠을 잘 때면 일어나라는 듯 내 방 앞에서 낑낑대던 아이가 그날은 점심이 다되어서야 일어났는데도 소리 한 번 내지 않았다. 나를 보고도 일어났냐는 듯 고개만 들어 올려다볼 뿐 미동조차 하지 않았다. 낯선 뽀삐의 모습에 그날 처음으로 뽀삐의 하얗게 샌 수염과 눈물자국이 눈에 들어왔다.
'13살, 노견, 이별….'

여러 단어가 와닿는 순간이었다. 컵에 물이 따라지듯 눈에는 금세 눈물이 차올랐다. 처음 느껴보는 불안한 마음에 결국 나는 그 자리에 주저앉아 한참을 울었다. 우리 착한 뽀삐는 우는 나를 보고 힘겹게 몸을 일으켰고, 나를 걱정스럽게 바라봤다.

뽀삐는 그랬다. 퇴근하고 돌아오면 꼬리가 떨어져라 엉덩이를 흔들며 나를 반겨주었다. 내가 우울해할 때면 조용히 옆에 와서는 핥아주었다. 늘 내 기분과 감정을 살피고 함께하려했다.

그런 뽀삐가 어느새 13살 노견이 되었고, 나와의 이별에 속도를 내고 있었다. 다행히 하루가 지나자 뽀삐는 전보다 더 기운을 차렸고, 며칠이 더 지나자 컨디션을 완전히 회복했다.

그날 이후, 나는 틈만 나면 최면을 걸듯 스스로 되뇌었다.

'그래, 그때도 며칠 지나서 괜찮아졌잖아? 13살 노견이 어떻게 예전 같을 수 있겠어?'

또 다른 날엔 날씨 탓을 했다.

'날씨 때문에 그럴 거야. 사람도 지치는 날씨인데 온몸이 털로 뒤덮인 뽀삐는 오죽하겠어?'

돌아오는 일요일에 초복을 맞아 집에 가서 우리 뽀삐 몸보신이나 시켜줘야겠다고 다짐한다.

삐 삐 삐 삐

현관문 비밀번호를 누르자 여느 때처럼 뽀삐가 나를 반겼다. 빙글빙글 돌았다가 벌러덩 누웠다가 폴짝폴짝 뛰었다가 난리부르스를 치고서는 나한테 달려와 폭 안겼다.

"아이고 이뻐라~ 아이고 이뻐라~"

예쁘다며 쓰다듬는 나를 보고 뽀삐가 더 활짝 웃었다. 집에 오기 전까지 찜찜했던 마음이 샤워 후 에어컨을 빵빵하게 틀어놓은 방에 들어온 것처럼 해소되는 순간이었다.

딩동! 퇴근길에 미리 시켜놓은 치킨이 도착했다. 낯선 배달원의 인기척에 집이 떠나가라 왕왕 짖었다. 그러나 곧 치킨 냄새를 맡고는 뭔가 알아차린 듯 펼쳐놓은 탁상에 제 자리를 잡고 앉았다. 닭 가슴살을 잘게 찢어 뽀삐 밥그릇에 놓아주자 놓기가 무섭게 먹어버렸다.

나 한 입, 뽀삐 한 입. 나 두 입, 뽀삐 두 입. 나도 먹으랴 뽀비도 먹이랴 손과 입이 무척이나 바빴다. 그만 주라는 엄마의 잔소리에도 뽀삐와 나는 치킨을 사이좋게 나눠 먹었다.

"뽀삐, 이제 그만, 다 먹었다."

얼굴 앞에서 빈 손바닥을 펼쳐 보이자 내 말을 이해한 건지 치킨 상자를 힐끗 보고는 내 옆에 와 털썩 기대앉았다. 늘 짝다리를 짚고 앉는 뽀삐의 다리 사이로 치킨을 잔뜩 품은 배가 삐져나왔다. 배를 쓰다듬자 따듯한 뽀삐의 체온이 전해졌다.

배부르고 시원하니 기분이 좋은지 뽀삐는 발라당 배를 뒤집고 누워

나를 보며 방긋방긋 웃어댔다. 자세히 보니 말랑말랑 마이구미 젤리 같았던 발바닥은 사포처럼 거칠어졌고, 핑크색이었던 배는 검버섯 같은 얼룩이 군데군데 펴있었다. 털도 윤기가 사라져 푸석푸석했다.

부쩍 늙어버린 자신을 보며 내가 얼마나 애가 타는지 뽀삐는 알까? 모르겠지. 알면 저렇게 해맑게 웃을 수가 없을 거다. 괜히 약이 올라 뽀삐의 수염을 살짝 잡아당겼다. 하지 말라고 앞발을 휘적대는 모습이 우습기도 하고 귀여워 입꼬리가 히죽 올라갔다.

열어 놓은 거실 베란다 창문에서 바람이 불어온다. 미지근하지만 열을 식히기엔 충분했다. 여름 냄새를 가득 실은 바람이 거실 곳곳을 스치고 사라졌다. 바람이 지나간 자리에 뽀삐의 털 한 올이 나풀거렸다. 가늘고 새하얀 털이 점점 멈추어가는 바이킹처럼 느린 곡선을 그리며 떨어졌다. 내 눈에는 그것들이 봄바람에 흩날리는 민들레 홀씨 같이 보였지만 엄마에게는 아니었나 보다.

여기저기 날리는 털들을 본 엄마는 냅다 뽀삐를 붙잡고 돌돌이로 뽀삐 몸 구석구석을 밀어대기 시작했다.

"이유, 이 가스나! 온 천지가 니 털이다!"

엄마에게 붙잡혀 돌돌이로 온몸을 정리당하는 뽀삐는 이 상황이 익숙한지 '날 잡아 잡수쇼.' 하며 체념한 표정이다. 그런 뽀삐를 바라보는 엄마의 눈은 반달이 되었고, 아빠의 입은 누운 초승달이 되었다. 거실 베란다 유리에 비친 지금 우리의 모습은 꽤 행복하고 화목했다.

뽀삐가 없었다면 치킨을 다 먹고 각자의 공간으로 해산했을 우리다.

언제쯤이 될지는 모르겠다. 그러나 곧 다가올 가까운 미래임은 분명하다. 몇 년 뒤 뽀삐가 무지개다리를 건너 강아지별로 돌아가는 날. 생각만 해도 마음이 먹먹해지지만 그날이 슬픈 날로 기억되지 않았으면 한다. 그날이 되면 후회 섞인 말이 아닌, "고마웠어. 잘 가. 곧 다시 만나."라는 평범하고 대수롭지 않은 말들로 뽀삐를 배웅할 수 있었으면 좋겠다.

8월의 미지근한 바람과 진한 여름 냄새, 먹다 남은 치킨 조각들, 흩날리는 털, 엄마의 현란한 돌돌이 돌리는 소리 그리고 뽀삐의 체념한 듯한 표정. 소소하지만 소중한 순간들을 놓칠세라 열심히 눈에 담아본다.

늙은 개

무심코 두었던 시선에 걸린 하얀 수염
그 몇 가닥이 나를 잡아끌었다
언제 이런 게 다 났지?
기억을 더듬으려 굴리던 눈알이
눌러 붙은 눈물자국에서 멈춘다.

눈물을 왜 이렇게 흘리는 거야?

휴지 한 칸을 곱게 접어
자국 진 눈물을 닦아냈다
우리 예쁜 뽀삐
눈이 호수 같아서 자꾸만 물이 흐르는가 보다
닦아낸 눈물고랑에 맑은 물이 금세 차오른다

헥헥 거리는 숨소리에

우리 할매 집 부엌 냄새가 솔솔

발라당 까뒤집은 배에
출처를 알 수 없는 문신 여러 개
크기도 제각각, 모양도 제각각

우리 뽀삐, 아주 아주 멋쟁이야!

쓰담쓰담
어루만지는 손끝에 한 줌 거리도 되지 않는 것이
혼자만 늙었다

삑 삑- 혼자만 앞서가는 건 반칙이라며
호루라기를 불어대지만
아랑곳 않는 모습에 성질이 나
울어버렸다

윤석영

작가의 말

우리가 기억할 수 있는 것은 과거로부터 온 것입니다. 저의 이야기들도 과거의 일부입니다. 미래를 상상하지만, 상상은 경험을 넘어설 수 없음에 부족한 글이 만들어졌지만, 과거의 저를 돌아볼 수 있는 값진 시간이었습니다. 글을 쓰는 것에 대한 두려움과 불안함도 컸지만 막상 이렇게 완성이 되고 나니 뿌듯함도 느껴지네요. 글이라는 장르에 한 걸음 발을 내딛어 가는 즐거움도 컸습니다.

밤하늘에 걸린 얼굴

크게 들이쉰 한 번의 숨
긴장된 모습으로 맞잡은 두 손
수줍어 발개진 너를 마주 보며
꼭 쥔 손에 힘을 불어넣는다
온전히 나를 받아주는 너의 온기에
우리는 함께 뛰어오른다

세상은 하늘이 되고 땅이 되고
눈앞 풍경은 무대가 된다
무대에 선 나는 꼭두각시 인형이 되어
곡예를 부리듯 춤을 춘다

숨은 하늘로 퍼져가고 심장은 땅으로 떨어진다
꼭 잡은 너를 놓지 않으려 이 악물며 버텨보지만
눈이 마주친 순간 너를 놓쳐버렸다

너는 나를 떠나보내지 않으려 애썼지만
결국 내가 놓아버렸다
밤하늘의 별에게 안부 인사 전하면
눈물짓는 상처투성이 달의 얼굴
뒤돌아보지 않고 떠나버린다

숨이 차오른다
너와의 이별이 남긴 상처는
근육통을 할퀴고 가는 칼날 같다

제자리걸음

그 날, 그 시간, 조금만 서둘렀더라면
기다림 없는 택시에 몸을 실었더라면
내달리는 도시의 풍경이 막힘없는 고속도로였더라면
조금 더 일찍 닿을 수 있었을까

꺼져버릴 듯한 숨은 땅으로 내려앉았고
떨어져 버린 손은 내 마음에 내려앉았다
나의 시계는 멈추어 버렸고
주변은 느린 속도로 되감아진다

모든 것이 무너지고 부서져버리다
한 번의 지각이 이토록 큰 아픔인 것을
늦어버린 뒤에야 비로소 깨닫게 되는 순간

제자리걸음을 한다

영원한 지각생으로 남아
그 자리를 맴돌고 있다

글은 아무나 쓰는 게 아니더라

 글쓰기 과제를 받았다. 장르 불문, 분량도 주제도 자유다. 이 날 소설 수업이 끝나고 집으로 돌아와 어떤 글을 써야할까 생각에 잠겨 이것저것 끼적여보았다.
 '첫사랑 이야기를 적어볼까? 아니면 꿈에 대해 적어볼까?'
 머릿속엔 여러 가지 생각과 복잡한 감정이 솟아오르지만 모니터엔 빈 페이지를 나타내는 커서만이 깜빡였다. 아무 얘기라도 상관없으니 뭐라도 써 내려가야 하는데, 시간은 점점 흐르고 머리엔 커다란 돌이 들어와 박혔는지 키보드에 올린 손이 좀처럼 움직일 줄을 모른다.
 '무엇을 쓰고 싶은 걸까?'
 쓰고 지우기를 반복했다.
 '좋아하는 사람에게 진심을 담은 연애편지라도 써볼까?'
 몇 글자 적어보다 이내 마음에 들지 않아 모두 지워버리고 말았다.

 또 하나의 빈 페이지가 펼쳐졌다. 여전히 깜박이는 커서와 눈싸움을 벌이는 중이다.

'이러다가 아무것도 써 내려가지 못하면 어떡하지?'

불안함이 커졌다. 답답한 기분에 인터넷 창을 띄웠다. 세상에는 이렇게 좋은 글들이 넘쳐나고 좋은 표현들이 가득한데 어째서 한 글자도 적어나가지 못하는 것일까. 다른 사람들의 글을 읽으면 단순한 듯 쉬워 보이지만, 막상 글을 써보면 작은 글귀 하나를 완성하기 위해 얼마나 많은 시간과 노력을 쏟았는지 알 수 있다. 이번 과제를 시작하면서 글을 쓰는 사람들의 대단함마저 느꼈다. 메말라버린 감성도 아닌데 말로 이야기하는 것과 다르게 글로 쓰는 건 또 다른 어려움이다.

모니터에서 뿜어져 나오는 열기를 견디지 못해 밖으로 나가버렸다. 산책이라도 하면서 머리를 정리하다 보면 무언가 할 수 있지 않을까 싶은 용기 있는 현실도피였다. 집 근처 대학 캠퍼스를 거닐며 지나가는 사람들을 관찰했다. 반려견과 함께 산책을 나온 부부, 이 더위에도 찰싹 달라붙어 떨어질 줄 모르는 연인들, 지친 모습으로 벤치에 앉아 부채질하며 휴식을 취하는 건설 현장의 인부들. 저마다 행동으로 이야기를 쓰는 것처럼 보였다. 생동감 느껴지는 글을 보는 듯했다. 그렇게 또 하루가 지나가 버렸다. 아직도 채워지지 않은 빈 페이지는 나를 기다린다.

다음 날, 무더위에 지친 몸을 일으켜 키보드 앞에 앉았다. 글의 주제를 먼저 떠올리려 애를 써봤다. 그러기를 2시간쯤 지났을까. 온몸에 힘이 빠져나가는 게 느껴졌다. 집중력의 부족함인지 뭐가 문제인지 아무리 생각하려 해도 주제가 떠오르지 않았다. 어딘가 고장 난 게 분명했다. 고장의 원인조차 모르겠다.

'그래, 이건 날씨 때문이다. 이 놈의 더위가 나의 정신상태를 고장 내버린 거다.'

날씨 탓을 해보지만 소용없었다.

내가 문제라는 건 잘 알고 있다. 애초에 소질이라는 게 없었는지도 모른다. 한심함이 밀려왔다. 내일이 마감인데 오늘이 너무 빨리 지나간다. 해가 저물고 밤이 깊어졌다. 어두운 방안엔 하얀 화면 속 빈 페이지를 알리는 커서만이 깜박이고 있었다. 다 틀렸다. 아마 이 글은 제목을 쓰는 게 어려울 것 같다.

'나만 이렇겠지? 다른 사람들은 좋은 글들로 가득할 텐데 아무것도 쓰지 못한 사람은 나뿐이겠지?'

모니터의 전원에 손을 가져갔다. 한참을 내 얼굴을 비추던 화면이 어둠속으로 사라졌다. 땀에 젖은 키보드에서 스르륵 두 손이 내려왔다. 마감이 오는 게 무서워졌다.

'하아, 나는 왜 이럴까?'

글은 아무나 쓰는 게 아닌가 보다.

별 볼 일 없는 휴일

띠리리링, 띠리리링

요란하게 울리는 휴대전화 벨 소리와 진동 소리에 눈을 뜬다. 방 안 어디선가 울려대는 소음에 잠이 달아났다. 실수였다. 쉬는 날인 걸 알면서도 알람을 꺼두지 않은 어리석음에 한숨을 내뱉었다. 분명 아침 8시를 알리는 알람 소리였다. 오늘만큼은 해가 중천에 걸릴 때까지 푹 자고 싶었는데 하루의 시작이 엉망이 되어버렸다.

서둘러 책상 위에서 울리는 알람을 꺼버리고 침대에 걸터앉았다. 소리가 사라진 방 안엔 정적만이 남았다. 오늘따라 집이 고요하다. 방문을 열고 거실로 발을 옮기고서야 부모님이 안 계시다는 걸 알았다.

'아, 오늘 시골에 내려가신다고 했던가?'

아무런 온기도 느껴지지 않았다. 이런 텅 빈 공간이 주는 느낌이 나쁘지만은 않다. 언젠가부터 조용함에 익숙해져 버린 탓인지도 모른다. 식탁 위에 가지런히 놓인 밑반찬들을 훑어보다가 이내 고개를 돌려 라면 한 개를 집어 들었다.

'아마도 어제 마신 술 때문이겠지?'

뜨끈한 국물을 달라고 소리치는 위장의 절규가 들려왔다. 양은 냄비를 찾아 생수를 부어 가스레인지에 불을 붙였다.

화르르륵

레버를 몇 번이나 돌리고 나서야 불꽃이 튀어 올랐다. 끓는 물에 면과 스프를 넣고 기다리기만 하면 된다. 기다림은 익숙하다.

이런 날이면 현관문을 열고 들어오는 그녀의 목소리가 들려오는 듯하다.

"오빠, 저 왔어요. 또 라면이야? 라면 좀 그만 먹어요."

핀잔을 주던 그리움이 열린 베란다 창을 통해 지나갔다. 딴생각에 빠져 있는 동안 반쯤 증발해 버린 라면 국물이 눈에 들어왔다.

'하아, 오늘은 라면도 실패다.'

서둘러 불을 끄고 식탁에 앉아 적당히 짭조름한 면발을 목구멍으로 삼켜버리고 빈 그릇을 개수대에 담았다. 설거지를 나중으로 미루고 방으로 돌아가다 굳게 닫힌 현관문을 바라봤다.

'오늘 저 문을 열고 들어오는 이는 아무도 없을 거야.'

한숨과 혼잣말을 던지고 방으로 발걸음을 옮겼다.

다시 침대에 몸을 맡겼다. 이제는 얼룩이 조금씩 묻어난 천장을 멍하니 바라보다 휴대전화를 집어 들었다. SNS를 열어 누군가의 일상을 살폈다. 부산의 맛집을 소개하는 채널에서 여러 맛집 영상이 흘러

나왔다. 문득 지난 기억이 떠올랐다.

일 년이다. 그녀가 세상을 떠나고 일 년이라는 시간은 많은 것을 바꾸어 놓았다. 혼자보다는 둘이었던 시간이 많았던 일상들이 당연히 계속될 줄 알았다. 우리는 집보다 밖에서 보내는 시간이 많았다. 함께 부산의 구석구석을 돌아다녔다. 온라인에 소개된 맛집, SNS에서 본 데이트 명소들까지. 우린 그것들을 찾아 모험을 떠나는 일상 속 탐험가였다.

가다가 지치면 조용한 카페에 앉아 쉬어가기도 하고 다른 길로 빠져 목적지를 까맣게 잊어버리기도 하면서 하루를 보냈다. 아마도 둘이라서 가능한 일이었는지도 모른다. 그러고 보면 해보고 싶은 것들은 대부분 혼자서 하기 힘든 것들이 많다. 어디를 가도 "몇 분이세요?"라는 말에 혼자라는 말을 꺼낼 자신이 없기 때문이다.

몸을 일으켰다. 어느덧 오후의 햇살이 방안을 비추고 있었다. 아침부터 먹은 라면 탓인지 속이 불편했다. 흐르는 물에 지난 기억을 씻어 버리고 넷플릭스를 켰다. 혼자 남겨진 공간이 주는 적막함을 이기지 못해 어디에선가 흘러나오는 작은 소음이라도 듣고 싶었다. 32인치의 모니터 속에는 저마다의 이야기들이 가득했다. 이것저것 살펴보다가 그중 하나를 선택했다. 까만 화면 위로 자막이 나타났다가 사라지고 화면 속 사람들의 웃고 떠드는 목소리가 작은 공간을 채웠다. 누군가의 목소리에 위로를 받으며 잠시 화면 속 세상에 빨려 들어갔다.

얼마나 지났을까. 시간을 확인하려 휴대전화를 집어 들었다. 저녁 8시. 바탕화면에 뜬 궁금하지도 않은 알림들을 하나씩 스와이프하며 지워나갔다. 부재중 전화도 없고 문자 메시지도 없었다. 카카오톡을 열어 채팅창을 확인해도 광고들만 가득했다.

'세상에서 몇 시간 동안이나 사라졌는데, 아무도 찾는 사람이 없다고?'

언제부터인가 조용해진 휴대전화를 바라보았다. 마치 최첨단 기술력이 집약된 카메라가 달린 알람시계인 듯했다. 가끔 광고 문자와 원하지 않는 불편한 전화들이 걸려 오기는 한다. 대부분 수신 거절 버튼에 손을 올려 무시해 버리지만, 휴일엔 그마저도 울리지 않는다. 직원들도 쉬어야 할 테니 말이다.

항상 그랬던 것은 아니다. 연애라는 걸 하는 동안에는 아침 모닝콜부터 퇴근길을 지나 통화 중인 채로 잠드는 날도 많았다. 통화목록에는 일렬로 찍은 답안지처럼 한 사람의 이름으로 도배가 되었고, 어디를 눌러도 한 사람에게만 연결되는 하이패스와도 같았다. 지금은 070으로 시작하는 수많은 번호에 의해 다 밀려나 찾을 수도 없다. 이제는 그 애칭으로 걸려오는 발신자 표시를 볼 수 없으니까.

'상실감이 주는 고통이 무엇이겠는가?'

보고 듣고 만질 수 없는 것이 아닐까 생각한다. 그리고 그 고통은 그리움으로 고스란히 남겨진다. 평소에 인생 네컷도 찍어두고, 동영상도 찍어두었어야 했는데 미루고 미뤄두었던 지난날들이 후회로 밀려온다. 다 지난 일이다. 지나온 시간은 다시 되돌릴 수 없고, 일어난 일은 없었던 일이 되지 않는다.

침대 구석에 휴대전화를 던져 버리고 그 옆에 누워 창밖을 바라보았다. 어느새 어둠이 내려앉고 있었다. 이런 날은 일찍 잠들고 싶어진다. 다시 찾아온 고요함 속에 하루를 닫아버리듯 이불을 머리끝까지 덮어버렸다.

별 볼 일 없는 하루였다.

이경미

작가의 말

글을 쓰기 위해 나의 어린 시절을 되돌아보면서 작품 하나를 만들어 낸 것이 대견스러웠다. 글을 쓴다는 게 쉽지 않은데 해낼 수 있어서 감사했습니다.

두 번 태어나다

나는 오십을 바라보는 나이에 두 번째 삶을 살고 있다. 두 번째 인생에 대한 이야기를 시작하기 위해 유년기로 돌아가려 한다.

나는 심장에 구멍이 난 채로 태어났다. 그렇게 태어나다 보니 어릴 때부터 키도 안 자라고, 조금만 걸어도 힘들었다. 초등학교 다닐 때 운동회의 꽃인 달리기를 할 때면 항상 꼴찌였다.

초등학교 6학년 학기 초, 학교에서 쓰러져서 양호실에 갔다.

"넌 언제부터 몸이 아픈 거니?"

놀란 양호 선생님이 물으셨다. 태어날 때부터 심장이 안 좋았다고 말씀드렸다. 그 날 나는 누워서 쉬다가 교실로 돌아갔다.

어느 날, 담임선생님이 양호실에 가보라고 했다. 아픈데도 없는데 왜 그러냐고 묻자, 양호 선생님이 찾는다는 것이다. 궁금증을 가진 채 오전 수업이 빨리 끝나기만을 기다렸다. 점심시간, 친구들과 도시락을 먹었다. 하지만 양호 선생님이 나를 찾는다는 생각에 긴장이 되어서인지 점심밥 맛이 느껴지지 않았다. 옆에서 계속 조잘대는 은희 말도 제대로 들리지 않았다. 나는 급하게 밥을 먹고 양호실로 뛰어갔다.

"6학교 3반 이경미입니다."

양호실에 긴장한 채 들어가니 선생님이 반갑게 맞아주셨다.

"경미야, 집에 어머니 계시니?"

"아마도 집에 계실 거예요."

"집 전화번호 좀 알려 줄래?"

"왜요?"

"선생님이 어머니께 드릴 말씀이 있어서…."

조금 이상했지만 선생님께 전화번호를 알려 드렸다. 선생님은 그 자리에서 엄마에게 전화를 걸었다.

"경미 어머니, 경미 심장 문제로 의논드릴 게 있어요. 잠깐 시간 내셔서 학교에 한 번 방문해 주실 수 있으실까요?"

엄마가 내일 온다는 대답을 듣고 선생님은 전화를 끊었다. 내게도 교실로 돌아가도 좋다고 하셨다. 양호실을 나오는 순간부터 여러 가지 생각이 들어 수업을 어떻게 들었는지 기억나지 않았다.

학교를 마치자마자 집으로 가서 엄마부터 찾았다. 그런데 엄마가 보이지 않았다.

'무슨 일인지 궁금한데 엄마는 대체 어디 간 거야?'

그렇게 조급해하고 있을 때 엄마가 현관문을 열고 들어왔다. 나는 다급하게 소리쳤다.

"엄마"

"학교 잘 다녀 왔어?"

엄마는 아무렇지 않게 대답했다.

"엄마는 어디 다녀오는 거야?"

"어디 가긴 시장 갔다 왔지."

"엄마!!!"

나는 목소리를 높였다.

"왜 자꾸 부르고 그러노?"

"양호 선생님이 왜 엄마 학교로 오라고 하는 거야? 선생님이랑 무슨 이야기 했어?"

"전화할 때 옆에 없었나?"

"있었지."

"그러면 네 심장 문제로 학교 오라는 말 들었겠네."

계속 궁금한 표정으로 엄마를 바라봤으나, 엄마는 대답해 줄 생각이 없는지 장 봐 온 것을 정리하기 시작했다. 나는 궁금증을 품은 채 저녁을 먹고 잠이 들었다.

다음날 아침, 엄마가 평소처럼 나를 깨웠다. 겨우 일어나 학교 갈 준비를 하고, 밥을 먹으면서 계속 딴생각을 했다. 그때 엄마가 등짝을 때렸다.

"딴생각 말고 빨리 밥 먹고 학교 가라."

밥을 대충 먹고 책가방을 챙겨서 나오니 엄마가 도시락을 챙겨 줬다.

"나중에 학교에 갈 테니 교실에서 보자."

선생님의 조례가 끝나고 수업 종이 울리면서 하루가 시작되었다. 나는 빨리 오전 수업이 끝나기를 기다렸다. 그날따라 유독 시간이 더디게 가는 것만 같았다. 드디어 점심시간을 알리는 종이 울렸다. 도시락을 들고 은희에게 가는데 선생님이 나를 불렀다.

"경미야, 오늘 어머니 오시기로 하셨지?"

"네. 시간 맞추어서 오실 거예요."

은희는 우리 엄마가 왜 오시는지 계속 물어봤지만, 나도 엄마처럼 말해 줄 생각이 없었다. 점심 도시락을 다 먹어 갈 때쯤 노크 소리가 들렸다.

"경미 어머님 어서 오세요."

"애를 맡겨놓고 이제야 찾아뵙네요."

엄마와 선생님이 인사를 나눴다. 선생님이 나를 부르셔서 우리 세 사람은 함께 양호실로 내려갔다.

양호 선생님께서 먼저 말을 꺼냈다.

"어머님, 경미 심장에 천공이 언제 생긴 거예요?"

"태어나서 일주일 지날 때쯤 고열이 나서 병원에 가니 심장이 안 좋게 태어났다고 했어요. 그때는 수술이 안 된다고 해서 지금까지 못 했어요."

"그러셨군요. 혹시 경미가 쓰러진 일이 자주 있었나요?"

"아니요. 1년에 한 번 정도? 그러다 금방 일어나곤 해서 크게 문제 삼지는 않았네요."

양호 선생님이 신중하게 말을 골랐다.

"그렇군요. 마침 서울 B대학 병원 원장님께서 세미나 차 부산에 오셔서 경미처럼 아픈 아이들을 봐주신대요. 이번에 경미도 진찰 한번 보게 하는 게 어떨까 해서요."

"우리 애를 이렇게 챙겨주셔서 너무 감사드립니다."

엄마가 꾸벅 인사를 했다. 양호 선생님은 내가 진료를 본다면 함께 가주시겠다고 했다. 엄마는 연신 감사 인사를 했다. 옆에 있던 담임선생님도 잘된 일이라며 기뻐했다. 양호 선생님이 진료 약속을 잡으면 학교에 와서 다 같이 가는 걸로 대화는 마무리 되었다.

담임선생님은 교실로 돌아가고, 나와 엄마만 교실 복도에 남았다.

"나 심장 나을 수 있는 거야?"

"가봐야 알지. 들어가서 공부나 해! 선생님 말씀 잘 듣고. 마치면 곧장 집으로 와서 도규 좀 돌봐주고 알겠지?"

"몰라."

괜히 심술이 나서 집으로 가는 엄마를 보지도 않고 교실에 들어갔다.

그 만남이 있고 보름쯤 지나 엄마가 다시 학교에 왔다. 양호 선생님과 함께 차를 타고 우리는 어디론가 갔다. 한참을 달려가서 도착한 곳은 다른 학교 운동장이었다. 학교 중앙 현관에 들어서니 휠체어를 탄 아이들이 보였다. 나는 고개를 갸우뚱거렸다. 엄마가 내 궁금증을 눈치채고 말했다.

"여기는 장애인들이 다니는 학교야."

학교 강당에 들어서니 많은 사람들과 여러 명의 의사 선생님들이 계셨다. 우리는 자리를 잡고 앉았다. 할아버지 의사 선생님이 나오셔서 말씀을 하셨다. 지금 생각해 보면 그 할아버지 의사 선생님이 서울 B대학 병원 원장님이 아닌가 생각된다. 내 차례가 되었다. 선생님은 청진기를 가슴에도 대보시고 등에도 대보시더니 엄마에게 말씀하셨다. 수술이 가능하다는 소견서를 적어 줄 테니 부산 B대학 병원으로 가라고 했다. 본인께서 따로 말도 해놓으신다고 했다. 엄마는 연신 인사를 하셨다. 우리는 좋은 소식을 안고 학교에서 나왔다. 양호 선생님은 잘 되었다고 기뻐하셨다. 여름 방학이 시작되기 얼마 전의 일이었다.

방학이 되고 며칠 뒤, 엄마가 학교 가는 시간보다 일찍 나를 깨워서 어디를 가야 한다고 했다. 우리는 버스를 두 번이나 갈아탔다. B대학 병원에 간다는 걸 병원에 도착해서야 알게 되었다. 한참 동안 기다리고서야 간호사가 내 이름을 불렀다. 피검사, 소변검사, 심전도 엑스레이 검사를 마치고 다시 진료 대기실에서 기다렸다. 또 한참을 기다려

진료실에 들어가니 의사 선생님이 엑스레이 사진과 차트를 보고 계셨다.

"수술은 가능한데, 정밀 검사를 해봐야 해요."

선생님은 지금 대기환자가 너무 많아서 늦가을이나 겨울쯤에 수술할 수 있다고 말하셨다. 엄마는 기다려서라도 수술하겠다고 얘기했다. 간호사가 입원해서 진행하는 정밀 검사를 설명해 주고 다음 예약을 잡아 주었다. 다음 병원 방문일은 계절이 바뀐 10월 중순이었다. 진료를 다 보고 병원을 나서니 오전이 훌쩍 지나 점심시간이었다. 나는 긴장도 했고, 여러 검사로 지칠 대로 지쳐 있었다. 우리는 병원 앞에서 간단히 짜장면을 먹었다. 병원의 고단함을 잊을 만큼 맛있었다.

여름 방학이 지나고 양호 선생님께 방학 때 병원 다녀온 이야기를 했다. 선생님도 자기 일처럼 기뻐해 주셨다. 또 시간이 흘러 가을 운동회가 시작되었다. 여전히 달리기 꼴찌는 내 차지였다. 그래도 난 수술 하고 나면 다시는 꼴찌를 하지 않으리란 기대감에 운동회를 마음껏 즐겼다. 운동회가 끝나고 엄마는 며칠 지나면 병원에 가야 된다고 알려줬다.

'수술하고 나면 숨도 안 차고 달리기도 잘 하겠지?'

내 마음은 이미 병원으로 가 있는 듯했다.

드디어 병원 가는 날이 다가왔다. 앞으로 무슨 일이 일어날지도 모른 채 병원에 도착해 검사를 하고 입원했다. 12시 이후부터는 금식이라는 말과 함께 간호사가 수액을 놓았다. 다음 날 아침, 의사 선생님이 회진을 오셨다.

"잘해보자!"

선생님이 나가고 나는 수술복으로 옷을 갈아입었다.

"엄마, 나 수술 하는 거야?"

"아니. 검사를 수술실에서 하는 거래."

침대에 누워서 검사를 받으러 수술실에 들어가려는데 간호사가 엄마를 제지했다. 그제야 나의 상황이 실감났다. 무서움과 두려움이 동시에 밀려왔다.

"검사는 언제 끝나요?"

"한 시간 안에 끝날 거야."

의사 선생님 여러 명이 들어오셔서 분주하게 검사 준비를 했다. 산소 호흡기가 씌워졌다.

"안 아프게 할게."

선생님의 말과 동시에 대퇴부에 아픔이 느껴졌다. 뜨거운 무언가가 들어오는 기분이었다. 카테터 시술이 시작 되는 순간이었다. 얼마나 시간이 흘렀을까? 수고 하셨다는 말소리기 들려 시술이 끝났다는 걸 알았다. 대퇴부에 무거운 모래주머니를 올린 상태로 수술실 밖으로 나왔다. 침대에 누워 있는 나를 바라보는 엄마와 눈이 마주치자 긴장감이 안도감으로 바뀌면서 눈물이 흘러나왔다. 그제야 오른쪽 다리의 아픔도 크게 느껴지기 시작했다.

"24시간 동안 모래주머니를 올린 채 움직이면 안 됩니다."

의사 선생님이 당부했다. 잘못하면 피가 솟아날 수도 있다고 했다. 다음 날까지 꼼짝 없이 움직이지 못한 채로 있게 되었다. 그 갑갑함을 견디지 못해 엄마에게 짜증을 냈다가 혼만 났다. 시술은 생각한 것보다 더 아팠고, 더 힘들었다. 날이 밝고 의사 선생님은 검사 결과를 알려주며 겨울 방학 때 수술하자고 하셨다. 나의 수술 날짜는 1월 7일로 잡혔다.

다음 날, 엄마가 학교에 데려다주며 담임선생님과 양호 선생님께 수술 소식을 알렸다. 우리 집 사정을 잘 아는 담임선생님은 추천서를 써 주겠다고 했다. 당시 아빠는 보험이 적용되지 않는 직장을 다녔다. 또 내 밑으로 동생이 3명이나 있어 수술비가 많이 나오면 아무래도 힘들 수밖에 없었다. 선생님이 도움을 주신다고 해서 나는 너무 감사했다. 그렇게 다시 평범한 학교생활이 시작되었다.

선선한 가을이 지나가고 겨울이 찾아옴과 동시에 방학도 성큼 다가왔다. 방학식 날 선생님은 잊지 않고 추천서를 건네주셨다.

"수술 잘 받고 건강한 모습으로 만나자."

나를 안아주는 선생님의 품은 따듯했다.

새해가 밝았다. 입원하기 전날이 되자 우리 집은 분주해졌다. 엄마와 내가 병원에 있는 동안 가사를 돌봐줄 할머니도 오셨다. 다 같이 목욕탕에 가서 시간도 보냈다.

다음 날, 병원에 입원해 여러 검사를 진행했다. 담당 의사 선생님은 원래는 본인이 수술하려고 했으나, 검사 결과를 보시고 과장님이 직접 수술을 하시기로 하셨다고 말하셨다. 다행인지 불행인지 알 수 없었다. 그런데 이상하게 밤부터 열이 나기 시작했다. 아침이면 괜찮겠지 했는데 열도 내리지 않았다. 설상가상으로 치아도 아파서 치과에 가니 썩은 이를 빼고 수술에 들어가야 한다고 했다. 지금 이 상태로는 수술을 할 수 없다는 결정이 내려졌다. 결국 수술은 일주일 뒤로 미뤄졌다. 수술 날짜는 1월 14일, 내 생일로 정해졌다.

생일에 수술이라니 이상한 생각이 들었다. 심장 수술을 하면 잘못되어 나올 수도 있다는 말도 들리고, 옆 병실 할머니도 돌아가셨다는 소문이 들리니 너무 무서웠다.
"내 생일에 수술하면 잘못되는 거 아니지?"
"쓸데없는 소리 하지 마."
엄마는 나를 크게 야단쳤다. 나중에 들은 이야기지만 엄마도 속으론 엄청나게 걱정했다고 한다.
"엄마, 근데 왜 아빠는 안 와?"
나는 아빠를 무서워하는데도 괜히 불안하니 시도 때도 없이 아빠를 찾게 되었다. 아빠를 병원에 데려오라고 엄마에게 떼를 쓰기도 했다.

엄마는 그런 나를 계속 혼냈다. 그렇게 여러 생각을 하며 일주일이 지났다.

드디어 내 생일이자 수술 날이 다가왔다. 수술 날 아침이 되어서야 아빠가 병원에 왔다. 침대에 누운 채 수술실에 가기 위해 엘리베이터를 기다리고 있을 때 눈물이 나려고 했다.

"울면 수술 못 해."

엄마가 또 나를 혼냈다.

"우리 딸, 잘 될 거야."

아빠가 다독였다. 수술실 앞에서 부모님과 헤어지고 혼자 수술실로 들어갔다.

"잘 될 거야."

의사 선생님도 아빠와 같은 얘기를 했다. 잠시 후 산소 호흡기가 씌워졌다. 그리고 내 기억은 사라졌다.

눈을 뜨니 중환자실이었다.

'살았구나.'

안도의 마음이 들었다 나도 모르게 기도했다.

'다시 태어나게 해주셔서 감사합니다.'

간호사가 깨어난 나를 보고 저녁 9시가 넘었다고 했다. 그제야 배도 아프고, 엄마도 보고 싶었다.

"너희 엄마는 저녁 면회 시간에도 와서 계속 보고 가셨어. 푹 자고 일어나면 내일 면회 시간에 볼 수 있을 거야."
　간호사의 말을 믿고 잠이 들었다. 아침이 되자 엄마가 면회를 왔다.
"어제부로 넌 두 번 태어난 거야."
　엄마는 수술이 6시간 30분이나 걸렸다고 했다. 수술실에서 나왔을 때 얼굴이 새파래서 내가 잘 못 된 줄 알고 울었다고 했다. 나중에 의사 선생님이 수술이 잘되었다고 말해줘서 겨우 안심했다고 했다. 엄마는 '오늘이 경미 생일'이라고 말하며 몇 번이고 감사 인사를 했다고 한다.
"아빠 보고 싶어. 여기서 빨리 나가고 싶어."
　나는 괜히 다른 얘기를 꺼냈다. 엄마는 회복에 집중하라고 당부했다. 중환자실에서 5일을 보내고 나서야 일반 병실로 옮길 수 있었다. 병실에서 15일이 더 지나고 나는 무사히 퇴원했다.

　생일에 받은 수술로 난 두 번째 생을 얻었다. 그때 수술 받은 심장이 건강하게 잘 버텨주고 있어 지금까지 열심히 살고 있다. 나를 보살펴준 많은 사람들을 글에 담았다. 이 글로 또 한 번 감사 인사를 건넨다.

두 개의 눈

보일 때와 안보일 때
나는 달라진다

보일 때의 눈은
내가 먹고 싶은 요리를 만들고
내가 입고 싶은 옷을 사고
내가 가고 싶은 곳을 갈 수 있다

보이지 않을 때의 눈은
남이 해주는 요리만 먹고
색이나 스타일을 물어가며 옷을 사야하고
누군가 동행하지 않으면 혼자 어디로든 갈 수가 없다

눈이 달라지면
삶이 달라진다

보이지 않는 눈은
새장 안에 갇혀 있는 새와 같다

보이는 눈을 가지고
훨훨 날아갈 수만 있다면…

[닫는 글] 강사의 말

충분한 글을 향해

우동준(작가)

글쓰기 수업을 할 때 많은 이들이 말한다. 좋은 글이 목표라고. 그렇다면 좋은 글은 무엇일까?

누군가 분량을 늘리면 좋은 글이 된다고 말한다. 화살을 많이 쏠수록 과녁의 정중앙에 맞을 확률이 높아지듯, 수많은 문장이 좋은 글로 이끈다는 것이다. 여기서 말하는 좋은 글은 문법이 정확하고 군더더기 없는 글, 논리적이고, 명료한 글을 의미한다. 그리고 세상에는 이미 이런 글이 넘쳐난다. 매끈하게 다듬어진 문장들, 완벽한 구조로 연결된 단락들, 흠잡을 데 없이 정갈한 문체들이 난무한다.

하지만 이런 글을 읽고 나면 묘하게 허전하다. 기술적으로 완벽하지만, 공허하다. 너무 깨끗하게 정수된 생수처럼 글에서 아무런 향도,

아무런 맛도 꺼낼 수 없는 것이다. 완벽한 글이지만, 읽을 만한 글은 아닌 셈이다. 왜일까. 나는 이 모순의 시작이 완벽하지 않은 우리가 완벽한 글을 지향하는 것에서부터 시작된다고 생각한다.

글을 쓴다는 것은 결국 자신과 마주하는 일이다. 머릿속을 맴도는 생각들을 붙잡아 문장으로 만들어내는 과정에서 우리는 비로소 자신이 무엇을 느끼고 있었는지 깨닫게 된다. 그렇기에 글쓰기는 오로지 나를 향해야 한다. 때로는 어색한 표현과 문법의 빈틈이 내 삶의 숨구멍이 된다.

그래서 나는 좋은 글을 지향하지 않는다. 대신 충분한 글을 지향한다. 충분한 글은 글을 쓰는 사람의 체온이 느껴지는 글이다. 오랜 시간 가슴 속에 묻어 두었던 감정을 토하듯 뱉어내 여전히 뜨거운 열기를 머금고 있는 글이다. 너무나 투박한, 하지만 진실한 글이다. 마치 적절한 불순물이 섞인 합금이 순금보다 강하듯, 차마 걸러내지 못한 단어와 감정이 더 뜨겁고, 더 맛있고, 더 향긋한 글을 만들어 낸다.

누군가 내게 글쓰기의 목적이 무엇이냐 묻는다면, 나는 이렇게 답할 것이다. 우리는 완벽하지 않아도 되는, 이미 나로서 충분한 존재이기에 글쓰기로 잠시나마 후련함과 해방감을 느끼는 것, 그것이 우리가 펜을 잡는 이유라고 말한다.

지난여름, 꿈꾸는베프를 통해 만났던 많은 선생님의 글을 기억한다. 모든 문장이 뜨겁고 진실했다. 정말 오랜만에 읽은 충분한 글이었다. 서툴렀지만 충만했고, 세련되지 않아 매력적이었다. 글쓰기 수업을 할 수 있는 작가라서 참 다행이라는 생각이 들었던 만남이었다.

정말 오랜만에 읽은 충분한 글이 바로 여기 있다.

[닫는 글] 강사의 말

우리는 어디가 같고 어디쯤에서 다를까

정안나(시인)

침팬지, 개, 초파리, 수선화와
나는 얼마나 가까운지.

먹이 그릇을 밀고 당기는 침팬지
약간의 불안을 물고 뜯는 개
똑바로 앉으라며 팔짱 끼는 초파리
몸이 가진 목소리를 보고 듣는 수선화에서
나는
도착한다.
여기서 저기로 건너뛴다는 느낌도 없다.

인간 DNA중 95프로는 침팬지

개 75프로, 초파리 50프로, 수선화는 33프로 같다고 한다.

우리는 어디서 시작하고
어디가 같고 어디쯤에서 다를까.
거기서 출발한다.

다음 목적지를 기대하는
수많은 날갯짓에서 앞으로 나가는 초파리
시를 향해 달려가던 수많은 날갯짓은
다양한 시선과 감정에 닿아
흐르는 대로 일주일 뒤에 자신을 써내는 놀라움이다.
흐름대로 쓰면 도착한다.
넉넉지 않는 시간을 이겨내며
원초적인 자신과 만났다.
시와 만났던 선생님들.
시 속에서 자신과 가까워졌기를 바라며.

그 속에서의 움직임은 오래 기억될 것이다.

[닫는 글] 강사의 말

돌아 맺은 인연

안덕자(동화작가)

올해도 꿈꾸는베프들과 만났다. 작년에는 동화공부를 하고 그림책을 냈고, 올해는 시, 소설, 수필을 공부한 이들이다. 써 온 글을 합평을 하는 자리. 언제나 글쓰기는 힘들다고 하는 이들이지만 성실하고 쾌활하고, 긍정적인 이들은 엄살에 불과했다. 이들이 쓴 글을 모두 읽었다. 뭉클한 감동이 일었다. 소소한 행복을 찾는 모습, 우리들의 바람, 생활 속에서 나온 그들만의 이야기, 글을 쓰는 사람들이라면 다 겪는 글쓰기의 고통과 쓰고 난 뒤의 희열, 부모님과 연인에 대한 애틋한 이야기, 다들 꿈꾸는 자유로운 영혼이 되고 싶은 이야기, 바람이 들려주는 부산이야기….

열 명의 꿈꾸는베프들이 모인 자리는 작품 평만이 아니라 작품 속에 깃들어 있는 글쓴이들의 삶을 느껴보는 소중한 시간이었다.

어린 시절 친구 집에 놀러 간 적이 있다. 방에서 고운 목소리가 들려왔다.

"영랑이 왔니? 또 누구?"

"예, 고모. 짝이랑 같이 왔어요."

영랑이는 고모방 문을 열며 말했다. 한지를 바른 창살문으로 들어오는 빛이 고모 방을 비추었다. 나는 방석에 앉아 뜨개질을 하는 영랑이 고모를 처음 보았다. 고모는 우리를 향해 빙그레 웃어주었지만 우리들의 얼굴은 바라보지 않았다. 고개를 숙여 인사를 했지만 조금 어색했다. 나중에야 친구가 말했다. 고모는 앞을 보지 못한다고. 그렇지만 웬만한 집안일은 다 한다고. 나는 지금도 뜨개질을 하는 친구 고모 모습이 잊히지 않는다.

흰 지팡이를 짚고 방향을 잡지 못해 서성이던 분을 도와주었던 일, 학부모가 시각장애인인 아이를 가르쳤던 일, 이들에게 책을 읽어주려고 오디션을 보았던 일 등등이 스쳐 지나간다.

세월이 흐른 뒤 '꿈꾸는베프'를 만났다. 이들은 나에게 또 다른 세상을 보는 눈을 주었다. 내가 생각한 고정관념은 확 깨졌고 나는 이들 덕분에 많이 자랐다. 명랑 쾌활한 이들과 함께하며 스스로 쌓았던 내 안의 장벽은 무너졌다.

글쓰기는 치유의 힘이 있다. 함께 공부하고 글을 쓰고 그 안에는 진솔한 내면의 나를 발견하는 내가 있었다. 이들이 점점 글을 통해 성장해 가리라 믿는다. 다음에는 모두 각자의 이름이 달린 책이 나올 것이라 믿는다.

'꿈꾸는베프'를 이끌어 오고 있는 엄다인, 김희수님! 장애인들을 위한 실험적인 문화예술활동과 장애인 당사자가 문화예술의 주체가 되는 배리어프리 활동을 이끌어 가고 있는 일에 올해도 동참하게 되어 감사하게 생각한다.

이 책은 한국장애인문화예술원이 후원하고 배리어프리 문화예술단체 꿈꾸는베프가 진행하는 장벽없는 제작소의 결과물입니다.

주최/주관: 꿈꾸는베프
지원사업명: 2025년 장애예술 활성화 지원사업
프로그램명: 장벽 없는 제작소
후원: (재)한국장애인문화예술원

글은 아무나 쓰는 게 아니더라

1판 1쇄 · 2025년 11월 20일

엮은이 · 꿈꾸는베프
펴낸이 · 서정원
펴낸곳 · 도서출판 전망
주 소 · 부산광역시 중구 해관로 55(중앙동 3가) 우편번호 · 48931
전 화 · 051-466-2006
팩 스 · 051-441-4445
출판 등록 제1992-000005호
ⓒ 꿈꾸는베프 KOREA
값 13,000원

ISBN 978-89-7973-657-1
jmw441@hanmail.net

*저자와의 협의에 의해 인지를 생략합니다.

*이 책 내용의 전부 또는 일부를 재사용하려면 반드시 꿈꾸는베프와 도서출판 전망 양측의 동의를 받아야 합니다.
*이 책은 한국장애인문화예술원의 후원을 받아 2025년 장애예술 활성화 지원사업의 일환으로 발간되었습니다.